ヒットする!

PB《プライベートブランド》商品
企画・開発・販売のしくみ

PB商品の企画、生産から売り場展開、リニューアルまで

藤野香織［著］
Fujino Kaori

private brand

同文舘出版

はじめに

ＰＢ開発の現場は、笑いと苦しみと涙と汗に満ちている。

今、国内小売業も海外小売業も、プライベートブランド（＝自主企画、以下ＰＢ）商品の開発と販売強化に力を入れている。消費者のＰＢへの注目が高まっており、ＰＢ市場が急速に拡大しているからである。日本経済新聞は一面トップで「ＰＢ市場が２００９年度で二兆円を上回るのは確実」と報じた（２００９年4月23日付朝刊）。

ＰＢが消費者の関心を引いたのは、２００８年半ばまで続いた原材料の高騰による物価上昇がきっかけだった。その後、物価上昇は落ち着いたが、経済状況が悪化し節約志向が広まる中、ますますＰＢに注目が集まっている。それまで消費者の中に「ＰＢは安かろう、悪かろう」という意識があったが、「ＰＢは、ナショナルブランド（以下、ＮＢ）と比べ品質が劣るわけではなく価格は安い」との認識に変化した。多くのメディアで、ＰＢの安さの理由や開発の舞台裏が紹介され、２００８年度のヒット商品として新聞や雑誌で取り上げられた。今では「ＰＢ」という言葉がすっかり浸透し、多くの消費者が積極的にＰＢを購入している。

この現象は小売業にとって大きな変化であり、今後ますますＰＢの存在感が増すと予想される。ＰＢ開発のレベルが、小売店の将来を左右するといっても過言ではない。

今こそ、ＰＢの開発方法や販売、運用ノウハウをまとめた書籍が必要ではないか。現役の小売業バイヤーである私は、ＰＢの開発とＮＢの買い付けを行う中で、専門書の必要性を痛感しているからである。今回執筆の機会をいただき、バイヤーとして私自身が「こういう本があったらいいのに」と思う内容にすることが、結果的に世の中のＰＢに関わる方々に役立ててもらえるのではないかと考えた。そのため本書は、小売業のＰＢ開発担当者の視点で執筆している。

前半部分は、ＰＢの定義や種類など、概要と開発のポイントをまとめた。後半部分では、開発の手順と販売方法のノウハウを具体的に記している。その後で代表的な小売業のＰＢを紹介している。

私は、これまでのバイヤー生活の中で、数々の成功と失敗を経験してきた。そこで、本文にはできるだけ現場の視点を入れること、みずからの失敗から学んだ内容もノウハウとして組み込むことを意識した。ただし、みずからの経験だけに頼らず、ＰＢを積極的に開発・販売している日本を代表する小売業の方々に取材し、その内容をふんだんに盛り込んだ。

読者の皆様には、私と同じ失敗を繰り返してほしくないし、本書を踏み台にして、もう一歩先を行くＰＢを開発してほしいと願っている。

本書が、消費の最前線で汗する小売業の開発担当者や、バイヤー、マーチャンダイザー、販売担当者、経営者の皆様に、少しでも役に立てば嬉しい。小売業と共にＰＢ開発に携わるメーカーや工場の開発担当者、営業担当者、経営陣にも。

よりよいＰＢが市場に浸透することにより、消費者の生活が少しでも便利で、快適で、豊かなものになれば、これ以上の喜びはない。

4章 PBの売り方

カバーデザイン・本文DTP◉志岐デザイン事務所

1章

PBとは

1 PBとは
――PB、NB、SPAの違い

◉PBは流通業が主体となって開発した商品

周囲にバイヤーやマーチャンダイザーの仕事内容を説明する時、「メーカーから商品を買い付けたり、PBをつくる仕事」と言うと、数年前なら「PBって何？」と必ず聞き返されていた。今では同じ表現でもPBの説明なしに「へぇ、そうなんだ！」と瞬時に理解してもらえるようになった。そんな瞬間に、「PBの認知度が上がった」と実感する。

PBは、「流通業が主体となって開発した独自のブランド商品」と言われる。辞書では「スーパー・デパートなどがみずから企画生産して販売する独自のブランド商品」（大辞泉）と説明されている。

日本経済新聞（2009年4月23日）は「メーカー以外の小売や卸が独自に企画・開発する自主企画商品。食品や日用品に多い。メーカーに生産を委託し、宣伝費などを削減することでメーカーの同等品より一～五割安にする」と定義している。

PBはたしかに流通業独自の商品ではあるが、正確にはメーカーや提携工場と流通業が協業して開発し、メーカーや工場で生産される商品である。

ＰＢの最大の特徴は、日経新聞にもある通り、同等機能のＮＢよりも10～50％程度価格が安いことである。販促広告費や営業コストをかけないため、販売価格を安く抑えられる。販促費をかけなくとも、小売店は積極的に販売するし、営業コストについても小売店みずから開発の段階から関わるのだから当然かかるはずがない。また、一度にまとまった数量を発注するため、計画的に生産でき、工場の稼働率が低い時間を利用することで製造コストを低減できるため、ＰＢの価格は安い。

◉ＮＢの強み

次に、ＮＢについても理解しておきたい。

ＮＢは、「メーカーが開発し、さまざまな小売店で全国的に販売されている商品」を指す。たとえば、花王やキリンなどの製品である。

日本の消費者のメーカーに対する信頼は厚い、と流通の現場にいて実感している。国内メーカーの強みは、具体的には次の五つの力である。

①マーケティング力

②商品開発力

③地道な改良を何度も重ねて商品をじっくり育て上げる力

④広告宣伝を駆使して商品イメージを創り上げるブランディング力

⑤品質保証により安心感を与える力

消費者はこの五点に信頼を寄せ、小売業者もメーカーの力に頼ってNBを販売してきた。

近年、販売期限管理や品質管理における不祥事が起こっているが、優良な製品を生み出すという意味で、メーカーの力は健在といえる。

しかし、2007年頃から消費者の意識に変化が起こった。それまでPBに対して「安かろう、悪かろう」と決めつけ敬遠していた風潮が、PBのことをよく知ってみると、実は「信頼する大手メーカーが製造していること」や「NBに対してPBの品質が劣るわけではない」という事実が消費者の間に浸透した。2008年前半まで続いた原材料の高騰による値上げと節約志向の中、一気にPBという言葉が認知され、新聞や雑誌の2008年版ヒット商品番付で1位を獲得した。特に注目を集めたのが、イオンの「トップバリュ」とセブン&アイ・ホールディングスの「セブンプレミアム」である。

消費者は「価値と価格のバランス」を見極めてモノを選ぶ。PBは「価格の割には高品質」と認識され、幅広い消費者に受け入れられていった。また、品揃えの中で一番安いのがPBである「価格訴求型」が多いが、機能を充実させ、モノや素材・製法にこだわった「付加価値型」PBも増えている。PBイコール安い、というイメージから価格訴求型PBが頻繁に取り上げられるが、価値と価格のバランスにお得感が感じられさえすれば、

NBとPBの構造の違い

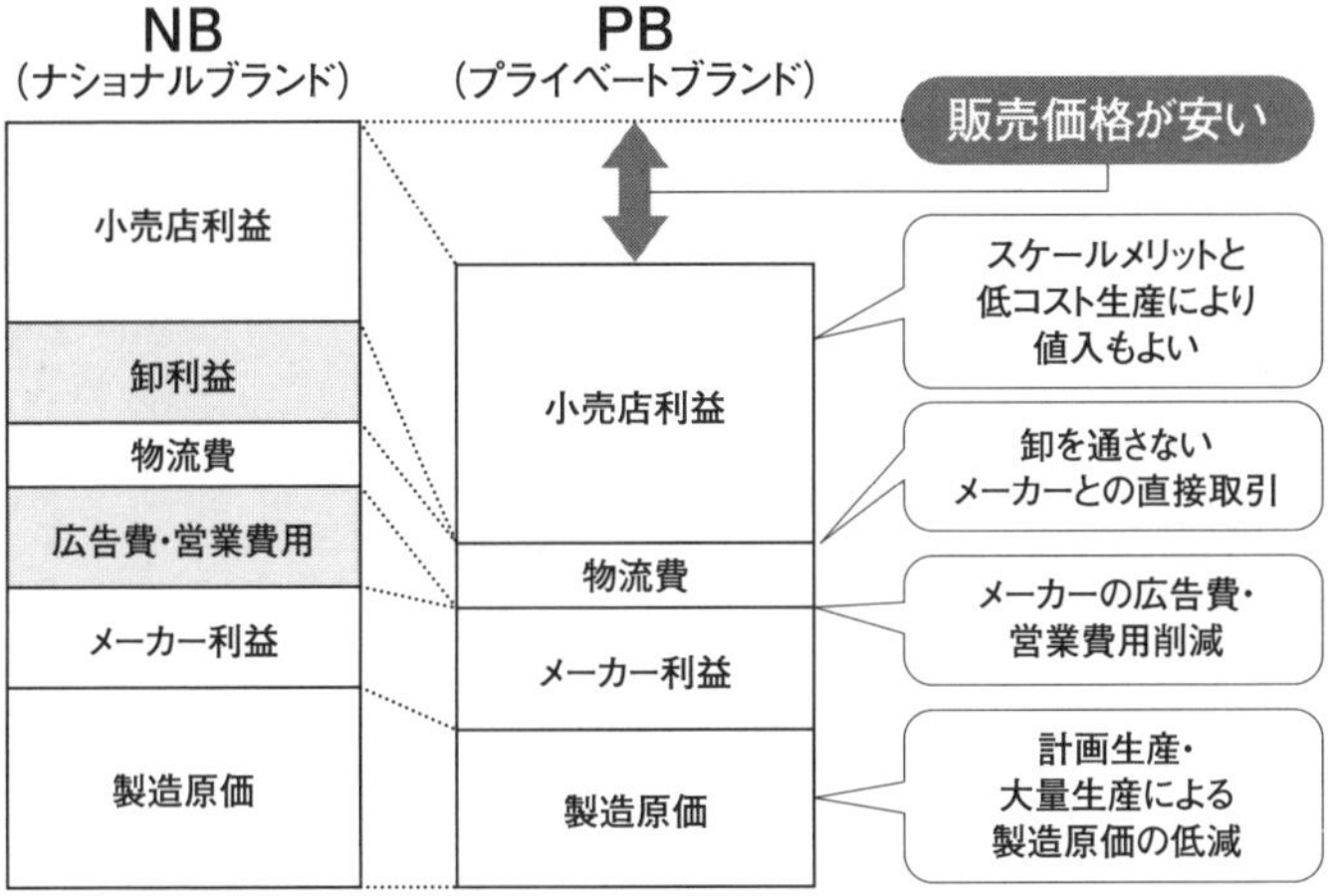

出典:坂口孝則・藤野香織著『製造業・小売業のバイヤーが教える The 調達・仕入れの基本帳77』(日刊工業新聞社)

最安値の商品でなくともお客様は購入することが、日頃のABC分析から読みとれる。

◉SPA(製造小売業)とは

ユニクロや無印良品に代表されるSPA(Speciality store retailer of Private label Apparel:製造小売業)とは、「自分の力で原材料を求め自社工場を持って生産を行いながら、みずから小売もする」業態である。SPAをPBの発展形と捉えることもできる。SPAは一つの独立した業態であり、NBとPBを混合して販売する百貨店や量販店とは経営や業務のオペレーションが異なるため、本書ではPBとSPAとを別に考える(詳細は後述)。

02

PBのメリット・デメリット

——PBは消費者・メーカー・小売店のマルチウィン

◉消費者のメリット・デメリット

PBにはどんなメリットがあるのか。まず、消費者のメリットから考察する。

消費者のメリットは、何といっても、NBと同等の製品をPBならば安く買えることである。食品スーパーの豆腐売場は、特売品を除けば、一番安いNBよりもさらに安いのがPBである。また、有機大豆使用などこだわった付加価値商品においても、NBよりPBのほうが安い。つまり、価格に対して充分な価値を持つ製品だと判断されれば、高額のPBであっても消費者にとっては「お得」なのであり、メリットといえる。

PBが棚に大量に並ぶことによって、商品の種類が減り、選択の幅が狭まることが、消費者のデメリットである。

◉メーカーのメリット・デメリット

ではメーカーのメリットはどんなことだろうか？

一つ目のメリットは、一定量の販売が確約されることにより、生産ラインの稼働率が向上することである。メーカーと小売業が最初にPB開発に取りかかる時点で、生産数量すなわち販売数量を決めてしまうので、工場では安心して約束の数量を生産することができる。生産工場では、造る製品の種類が多ければ多いほど効率が悪く、できるだけ機械を止めずに同じ種類の製品を造るほうが効率は高まる。

二つ目のメリットは、一定量の販売が確約されるため、売上が安定することである。

メーカーにとってのデメリットは何か。NBと同等のPBを販売している場合、PBばかり売れて、NBが売れない「カニバリゼーション」が起こることである。メーカーとしては、NBとPBを含めた全体を総括して、売上と利益の管理を行うことが望ましい。

◉小売店のメリット・デメリット

小売店にとってPBを扱うメリットは何か？ 次の三点が挙げられる。

①PBを使って店のオリジナリティを表現できる

小売店によっては、原材料の選定から細かな仕様に至るまでかなりこだわって開発している。企業姿勢や環境への配慮までも投影されたモノづくりを通し、小売店そのものの価値を表現している。

②製品の質や機能、生産ロットを自由に設定できる

PBのメリット・デメリット

	メリット	デメリット
消費者	◉NBと同等の製品を安く買うことができる	◉選択の幅が狭まる可能性
メーカー	◉生産ラインの稼働率アップ ◉売上の安定	◉NBとしての自社商品とPBがバッティングする可能性
小売店	◉自店らしさの表現・PR ◉製品の質・機能・ロットを自由にコントロールできる ◉利幅が大きい ◉売価設定が自由	◉在庫リスク、販売責任

メーカーや生産工場が対応できれば、商品にいくらでも小売店の意向を反映することができる。生産ロットも小売店が決められる。

③NBよりも利幅が大きい

これは小売店にとって大変重要である。広告宣伝費や営業コストがかからない分、または卸売などの中間コストがかからない分、安い原価で製造できる上に、販売価格を小売店が自由に決められる。製造原価が安くて好きな売価をつけられるのだから、利益のコントロールも自在である。市場を見極め順当に売れる適正価格をつけることがポイントになる。

小売店のデメリットは、在庫リスクである。思うように売れなかった場合でもメーカーに返品することはできず、他の店で売ってもらうこともできないので、自社で販売するしかない。実際に、ＰＢ処分のための値下げや廃棄による損失を計上している小売店の話もしばしば耳にする。販売シミュレーションを慎重に行って、何としても過剰在庫を避けなければならない。

◉PBは消費者・メーカー・小売店のマルチウィン

消費者・メーカー・小売店のメリットとデメリットを理解した上で、ＰＢ開発の検討を行う。デメリットへのリスク回避を考えながら、メリットを最大に生かすことができれば、ＰＢは消費者・メーカー・小売店にマルチウィンをもたらす最強の商品である。

3 小売業が「モノづくり」をする意義

――消費者の声を商品に反映

◉消費者の要望を生かす

小売業がＰＢを通してモノづくりをする意義、それは「**消費者の声や要望をダイレクトに商品に反映できる**」ことに尽きる。

本来モノづくりのプロはメーカーであり、小売業は商品を販売することが本業だが、小売業は消費者に関して膨大な情報を持っている。

顧客が店の中でどのように買い回りをしているか、どの客層が、いつ、何を買ったか、一緒に買ったのは何か、来店頻度の高い優良顧客はどういう商品を好むのか、１年に数回しか買わない顧客は１回にいくら使っているか――などの情報を商品に反映できることが、小売業がモノづくりをする意義である。

さらに、接客の質の高い小売店や、アンケート、グループインタビューなどを行っている店だけが得られる、価値の高い情報がある。

それは、「買わなかった顧客は、なぜ買わなかったのか」という購買に至らなかった理由である。「もう少し安ければ買ってもよかったけど……」「もっとサイズが小さければちょうどよかったのに……」など、あと少しの改善につながるヒントが隠されている。こういった要望を開発段階で活かせるのも、小売業がモノづくりをする意義である。

◉流通がマーケットをリードする時代

小売業によるモノづくりが増加した背景には、市場の変化がある。時代が「プロダクト・アウト」から「マーケット・イン」を経て「カスタマー・イン」へと移り変わったことである。

市場の変化は今後ますます加速する。顧客の声を充分に吸い上げたり、オーダーメイドなどのパーソナルなニーズを満たすカスタマー・インの次は、流通がマーケットをリードする時代である。

その時代はすでに到来している。たとえば、「欲しい商品があるから」店に行くのではなく、「カリスマ販売員から買いたいから」ということで、何を買うかはっきり決まっていないままとりあえずその店に行く。または、店のスタッフがホームページ上でブログを書き、そこで紹介された商品が気に入ったから店に買いに行く。

つまり、**「流通が価値を創出し、ライフスタイルを提案することによって市場を牽引していく存在」に移行する。**その際に中心的役割を担うのがＰＢである。

4 PBの種類 1
──3通りの戦略的同盟

◉製造と小売、複数の小売、卸売と小売、それぞれの同盟

小売店だけの力ではモノづくりができないため、メーカーや工場など他者の力を借りてPBを生産する。協業体制には、次の3通りの戦略的同盟の方法がある。

①製販同盟

製販同盟とは、製造業と小売業が組む形態である。セブンプレミアムやトップバリュなど、多くのPBがこの方法で製造されている。ウォルマートとP&GがPBを開発しているのは有名な話で、POSデータなどの情報を共有したり物流面で協力したりするなど、深い取り組みを行っている。

②販販同盟

販販同盟とは、中小小売店が何社か集まって、共通商品を開発する形態であり、食品スーパーで多く見られる。ユニー、イズミヤ、フジの3社は、共通PB「StyleONE（スタイルワン）」を2009年8月から発売すると発表した。2～3年で400

PBの戦略的同盟

同盟	組み合わせ	例
製販同盟	製造業×小売業	○セブン&アイ×大手食品メーカー ○ウォルマート×P&G
販販同盟	小売業×小売業	○私鉄系八社会 （鉄道系SM14社加盟） ○ユニー×イズミヤ×フジ
配販同盟	卸売業×小売業	○菱食・国分など大手卸売のPBを中小SM向けに販売

品目、3社合計で400億円の売上高を目指す（2009年7月現在）。関東では、京王ストアや東急ストアなど私鉄系スーパー8社で設立した商品開発専門の八社会が「Vマーク」というPBを企画開発している。

③配販同盟

配販同盟とは、卸売と小売の協業である。菱食や国分などの大手食品卸売業がオリジナルのPB商品を開発しており、主に中小の小売店で販売している。

以上のような同盟がある。PB化を追求してSPAを目指すこともひとつの道であり、店の規模や商品特性に応じてNBとPBが共存するベストバランスを追求することもまたひとつのあり方である。

5

PBの種類 2
——表記と生産者と時間軸

◉ラベル表記による分類

流通各社のPBを見ると、裏面のラベル表記には二通りの方法があることがわかる。「販売元」の欄に小売店の名前が入っている商品と、メーカーの名前が入っている商品である。小売店の名前が入っているPBには、イオンのトップバリュや共同仕入機構のシジシージャパン（以下、CGC）製品がある。「お客様からの問い合わせには自社が窓口となり、製品に対する責任を負う」という企業方針に基づいて、責任も情報も一元化している。また、どこのメーカーで生産しているかを競合他社が知りえないからこそ、モノづくりや価格設定の面で自由度が増すメリットもある。なお、乳製品や家電製品など、製造元の表記が義務付けられている製品には、イオン、CGCともにメーカー名を表示している。

これに対し、「販売者」欄にメーカー名を入れた上で、パッケージやラベルの他の箇所には小売店の名前も明記しPBであることがわかる仕様を、流通業界では「ダブルチョップ」と呼んでいる。代表的なダブルチョップは、セブン&アイ・ホールディングスの

ラベル表記の比較

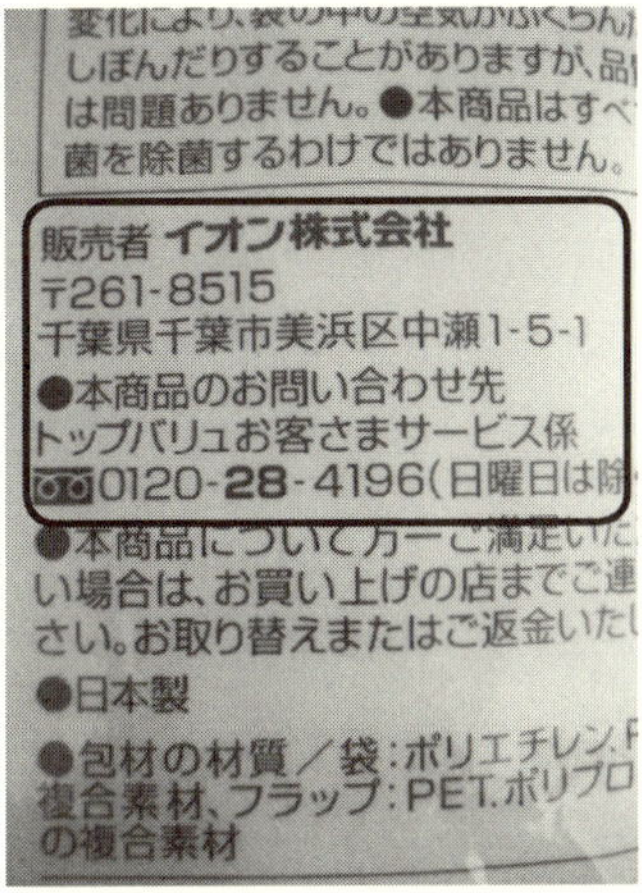

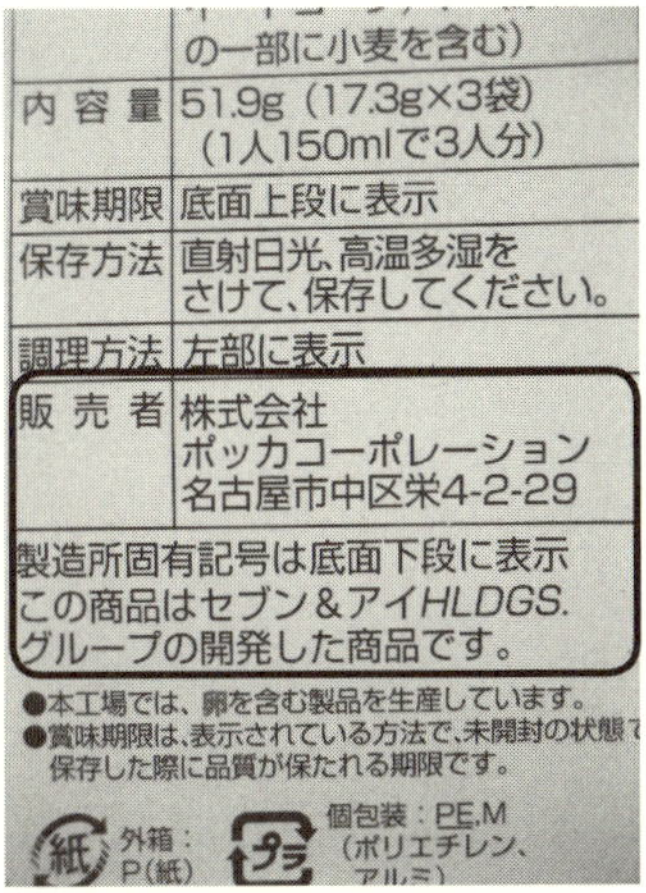

セブンプレミアムやマツモトキヨシのMK CUSTOMERなどである。「お客様に対してどこのメーカーで製造しているのかわかるようにしている」との考えである。

もちろん、ダブルチョップでメーカー名が入っているからといって、小売店が開発に関わっていないということではない。原料調達や生産者の選定から、加工、包装、物流に至るまで、小売店も入り込んで開発にあたり、独自の仕様に変えて製品化されている。

流通業界では、一元化とダブルチョップのいずれが適切なのか議論が絶えないが、それぞれの小売店が考えを持って取り組んでいる。

最終的には**お客様が望むことが正しい**が、消費者の意見も分かれる。現代のお客様は、店によって独自のPBがあることを知っている。そして、NBとPBが共に陳列されている売場で、自らの価値観に従い、目的と必要性に応じて買い分けている。

◉メーカー・工場の選定

小売業にとって、「どこのメーカーや工場と組んでPB開発を行うか」は非常に重要である。

詳しい選定方法は後述するが、ISO9001を取得しているなどの第三者認証を取得した企業であることの他に、独自の選定基準を設けている場合が多い。厳しいところでは、モノづくりは合格点であっても、児童の労働や就業内容に問題があるために、その工場を保有するメーカーとは協業しなかったという例もある。

大手メーカーではなく、オリジナル製品の開発と生産を専業で行うこともできる。それが、OEM(Original Equipment Manufacturing：相手先ブランド製造)を利用した方法である。流通企業の名前やブランド名がついた商品を、依頼を受けた工場が生産することである。OEMメーカーとしては、流通企業と組めばある程度の販売が保証され、まとまった数量の納品が見込まれるため、計画的で効率のよい生産ができるというメリットがある。

◉時間軸によるオリジナリティ

時間軸でオリジナリティを出す方法もある。

流通とメーカーが協業して開発し、たとえば最初の1年間はその小売店でしか売らない限定品として、2年目からはメーカーのNB品として他の流通にも売る、と契約する。期間限定のPBといえる。

開発した商品が万一あまり売れなかった場合に、在庫を抱えてしまうリスクを回避する手段として緩い約束をしておくことは、メーカー側にとっても小売側にとっても安心材料となる。

各流通業のマーチャンダイザーは、さまざまな方法を駆使して、できるだけ少ないリスクで良質なPBを開発するべく日々奔走している。

6 PBとSPA（製造小売業）の違い

――SPAには独自のオペレーションとシステムがある

◉PBとSPA（製造小売業）との違い

小売業とメーカーが共同で開発するPBと、企画製造から販売まで一貫して自社で行うSPAとの決定的な違いは何か？

15ページでも触れたが、SPAの代表格である「無印良品」と「ユニクロ」は、どちらも「PBをつくる」ことから始まり、SPA業態として確立された企業である。商品企画、原材料の調達、生産管理と品質管理、物流および倉庫管理、販売まで、すべてを行っているため、独自のオペレーションとシステムが敷かれている。

国内で有名なSPA企業は、女性カジュアルファッションのハニーズやAOKIホールディングスで、海外ではGAP、ZARA、H&Mである。国内外問わず、SPAにはファッション業態が圧倒的に多い。また、PB比率を上げSPA業態に近づいているのが、バルスが経営するフランフランやニトリなどのインテリア雑貨店である。

◉無印良品とユニクロ

無印良品が西友のPBから「良品計画」として独立分社化したのは1989年のことである。シンプル・ナチュラルなデザインが好評だった以上に、「わけあって、安い。」というキャッチフレーズが、顧客の「PBは安かろう、悪かろう」という偏見を破り、SPA業態にまで発展した。**お客様は、安い理由に納得すれば買ってくれる**のである。

SPAの代表格ユニクロを展開する「ファーストリテイリング」成長の秘訣は、確かなモノづくりと一貫した低価格路線で改善を積み重ねるという、地道な企業努力にある。ブランドイメージと品質の良さとの両方を、顧客に向けてわかりやすく発信するというブランディング力もすばらしい。ユニクロ成長のカギも「顧客を納得させる」ことだったと言っても過言ではない。

戦略を詳細に分析すると、マーケティングの4P（プロダクト・プライス・プレイス・プロモーション）戦略どれもがバランスよく見事に講じられている。それがお客様にしっかりと伝わった結果として、支持を得ている。

企画製造から販売まで一貫して行い、成果をあげているSPA業態の成功要因を知ることは、PBの開発販売にも応用できるはずである。

7 PB誕生の経緯
——PBの歴史と業態別整理

◉日本におけるPBの歴史

ＰＢの歴史を振り返ってみたい。

現在日本の二大ＰＢといえば、イオンの「トップバリュ」とセブン&アイ・ホールディングスの「セブンプレミアム」である。トップバリュが１９９４年スタートという15年の歴史を有するのに対し、セブンプレミアムは２００７年５月の販売開始と新しい。トップバリュがスタートした１９９４年頃は、ダイエーやニチイのＰＢが話題になっていた時代であることを考えると、15年のトップバリュは歴史の長いＰＢである。

さらにさかのぼって日本におけるＰＢ誕生を調べると、１９５９年発売の大丸の紳士服「トロージャン」が最初とされる。トロージャンは現在も進化を続けており、大丸は百貨店の中でもＰＢへの取り組みが盛んである。

翌年には「ダイエーみかん」が発売され、ダイエーグループでは食品や家電などの分野に手を広げ、１９８０年に「セービング」発売後はこのブランドをリニューアルしながら育てたが、現在はイオングループ傘下で経営再建を行っているためトップバリュを販売している。

西友のPBとして「無印良品」が誕生したのが、くしくも「セービング」誕生と同じ1980年。なお、西友が現在販売しているPBはウォルマートの「グレートバリュー」ブランドである。

◉業態別の主なPBブランド

業態別に、主なPBブランドを整理してみよう。

百貨店では、Jフロントリテーリング傘下の大丸がPBに積極的に取り組んでいる。PBの売上高構成比は、他社が10％程度なのに対し大丸は20％を超える。

コンビニ業界は、セブン-イレブン・ジャパンで販売される「セブンプレミアム」をはじめ弁当や惣菜などの開発に定評がある。ローソンでも積極的にPB開発が進められており、価格訴求型の「バリューライン」を積極的に開発している。

大手ホームセンターのカインズでは、住宅用品を中心にPB開発を進め、既存店では売上の3〜5割ほどを占め、新店では6〜9割をPBとする品揃えを行っている。

ドラッグストアのマツモトキヨシでは、「MK CUSTOMER」ブランドをはじめ、医薬品・日用品・化粧品・食品と多岐に渡り開発を行っている。

業態別の主なPB

業態	代表店とブランド名
百貨店	◉大丸「トロージャン」「バリュープライス」 ◉高島屋「ラフィネールアッシュ」「アイトゥロア」
量販店	◉イオン「トップバリュ」 ◉イトーヨーカ堂「セブンプレミアム」 ◉西友「グレートバリュー」「ジョージ」
コンビニ	◉セブン-イレブン「セブンプレミアム」 ◉ローソン「バリューライン」 ◉サークルKサンクス・ユニー「カチアル」
ホームセンター・ドラッグストア	◉カインズ「CAINZ」 ◉DCM「快適上手」「プロサイド」 ◉マツモトキヨシ「MK CUSTOMER」
食品スーパー	◉CGC「CGC」 ◉ニチリウ「くらしモア」 ◉生協「コープ商品」 ◉八社会「Vマーク(バリュープラス) ◉ユニー・イズミヤ・フジ「スタイル ワン」 ◉東急ストア「東急セレクト」

食品スーパーのPBは非常に種類が多い。中小スーパー向けのPBを企画・開発するCGCジャパンは、2009年7月時点で全国に加盟店227社3549店舗を持ち、加盟店の合計年商は約4兆円にのぼる(各社のPBへの取り組みは、6章で詳しく紹介する)。

消費者の変化に伴ってPB市場も確実に拡大の一途をたどっており、各業態ともPBの比率を上げるべく必死で商品開発を行っている。

今、**PB新時代が到来している**。流通業は今こそ、PB開発の力をつけ、進化を遂げる必要に迫られている。

2章

PB開発のポイント

8

マーケットトレンドに乗る商品

——情緒的情報の伝達法を他店から学ぶ

◉定番アイテムのＰＢにもトレンドを

本章では、本格的にＰＢ開発に入る前に押さえておくべきポイントとコツを考察する。

あらたにＰＢを企画する場合、格安シャンプーのような「価格訴求型商品」も、高級志向シャンプーのような「付加価値型商品」でも、比較的流行性の少ないアイテムを選ぶことが多い。それでも、市場トレンドのエッセンスは組み込むべきである。既存商品をベースに、ちょっとした機能を付け加えたり、コンセプトを変えたりすることで、新しいモノを生み出すことはできる。

商品の価値には、機能面と情緒面との二つがある。

機能面は、軽い、静か、長持ちする、コンパクトサイズである、など商品の長所としての性能を指す。

一方情緒面は、商品そのものではなく付帯する情報や背景にあるストーリー性などのことをいう。たとえば、「モデルの○○がプロデュースしたバッグ」「店主が全国を探しまわって厳選した食材を使用」「構想から商品化までの開発期間がなんと10年!」など、人の感情に訴えることでつくられる商品価値のことである。

最初は低価格の価格訴求型商品の開発から着手し、その後に高機能な付加価値型商品をつくることが多い。モノが溢れる時代には、情緒的商品価値をどのくらい創出できるか、で小売店の技量が測られる。

特に小売店の代表商品であるPBには、開発の裏話やこだわり、品質と安全への意識、環境への取り組みなど、機能面以上に顧客に伝えなければならない情報がたくさんある。

したがって、今どの観点を重要視すべきなのか、世の中で価値基準がどのように移り変わっているのか、消費者が知りたがっている情報は何か、を含めたマーケットトレンドにアンテナを張って、継続的に情報収集する必要がある。

◉競合他店や異業種の模倣

情報収集にはさまざまな手法がある（64ページ参照）。中でも、一番取り入れやすくリアリティのある方法は、他店で成功している手法や取り組みを模倣することである。「同じことをそっくりにやる」という意味ではなくて、他店を見て（直感で）いいな、と思う方法や顧客に支持されていると見受けられる手法のエッセンスだけを自店に取り入れる。

そこで、競合店視察の留意点を以下に挙げる。立地や店舗環境を変えることは難しいが、店内レイアウトや商品の見せ方、什器配列、POPの使い方などはすぐにでも取り入れることができる。

PBの陳列場所は、エンドか通路の島什器か、カテゴリーごとにNBと一緒に並べられているのか、NBと並列ならば、何段目に何フェイス取って陳列しているか、そこには情報POPが付いているか、などをチェックし、優れた点は自店にも取り入れるべきである。

ドラッグストアでの販売方法を異業種のホームセンター業態に取り入れることも可能であり、商品や業態が違っても、**優れた手法はどんどん模倣すべき**である。

PBには、開発の裏話やこだわり、品質と安全への意識、環境への取り組みなど顧客に伝えなければならない情報がたくさんあり、効果的な伝達手段については流通業全体でレベルアップしていきたいものである。

他店視察チェックリスト

立地・環境

分類	チェック項目
立地	立地条件
	競合状況
外観	看板
	駐車場
	ファサード
	第一印象
	個性
内装	壁
	床
	天井
	照明
	BGM
	柱周り環境
	什器種類

分類	チェック項目
設備	化粧室・パウダールーム
	授乳室・ベビーカー
	バリアフリー・車いす・AED
	ATM
	喫煙場所
サービス	営業時間
	会員割引サービス
	ポイントカード
	返品交換
	サービスカウンター
	配送サービス

品揃え・陳列

分類	チェック項目
レイアウト	レイアウト
	導線・通路
	カテゴリーバランス
品揃え	ターゲット顧客
	主力カテゴリー
	準主力カテゴリー
	欠落品種の有無
	プライスゾーン
	色・サイズの幅
	商品の鮮度
定番棚の基本陳列	前方立体陳列
	フェイス
	ゴールデンゾーン
	プライスラベル貼付
	在庫量と欠品
その他	整理整頓
	清掃状況
	在庫スペース

販売方法・スタッフ

分類	チェック項目
販売方法	エントランス演出
	季節感
	ディスプレイ
	壁面の使い方
	柱周りの使い方
	レジ周りの使い方
	島什器・カゴ什器活用
	マグネットポイント
	色使い
	POP・販促物
	クロスMD
	環境配慮
スタッフ	あいさつ・ことば遣い
	明るい・親切
	身だしなみ
	商品知識
	接客スキル
	店づくりスキル

出典：坂口孝則・藤野香織著『製造業・小売業のバイヤーが教えるThe 調達・仕入れの基本帳77』（日刊工業新聞社）

9

生産ロットと物流、仕入原価の関係

——生産ロットと物流網でコストは決まる

◉生産ロット確認の重要性

小売店にとってPBのメリットの一つは、利幅が大きいことである。利幅を大きくする方法は、仕入れ原価を下げるか売価を上げるかの二通りしかない。商品価値に対して高い売価をつけることは現実的でないので、いかに仕入れ原価を下げられるかが重要で、低コストでの生産が必須となる。

開発しているPBの原価がNBの仕入価格とあまり変わらない場合や、値入率にメリットが見出せない場合、リスクを負ってまでPBをつくるより、NBを販売すべきである。開発すること自体が目的にならないよう、つくるからには小売店にとってトータルでのメリットがどのくらいあって、リスクはどの程度かを判断してから取りかかりたい。

小売店が負うリスクは、「在庫」である。自店で無理なく販売しきれる量かどうか、しっかりと確認しなければならない。自店の販売予測数を割り出し、工場の生産数量と照らし合わせて判断する。

NBのテストマーケティング

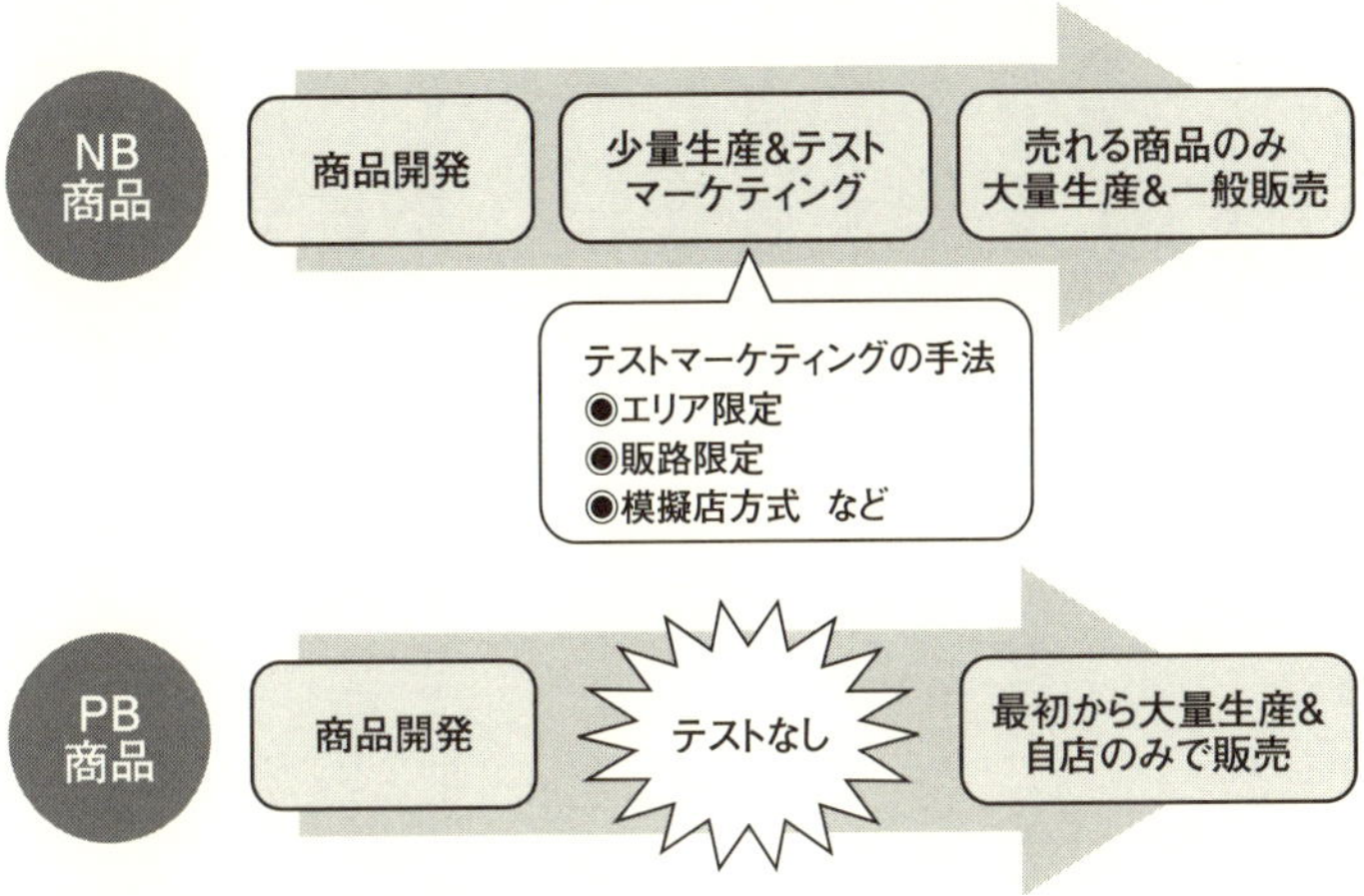

工場は規模が大きいほど生産能力が高く、生産効率は高い。つまり、製品1点あたりの生産コストを低減できる。工場の規模が小さいほど一度に生産できる量が少なく、製品1点あたりのコストは上昇する。

小売店が大規模工場、小規模工場の両者から見積りを取った場合、大規模工場の見積もりのほうが安いかというと、そうとも限らない。工場側でかかる経費や利益設定がそれぞれ違うからだ。経験則だが、小さな工場であっても「小回りがきくこと」「小ロットで生産できる」ことをウリにしながらも、大手の工場に遜色ない価格で提供するところもある。

つまり、生産ロットの面から言えば、大手小売店は大手メーカーと開発することが妥当で、中小小売業は前述のような小回りのきくメーカーや工場と組むことが自然である。工場の規模を問題にするのではなく、自社と相性のよい相手と仕事をすること、在庫リスクを考えて慎重にシミュレーションすることが重要である。

販売予測を入念に立てることが大切な理由はもう一つある。

メーカーの新商品は、本格的に発売する前に、テストマーケティングをして市場の反応を試すことが多い。小売店のＰＢで同じことをするのは、ロットや手間を考えると現実的には難しい。

メーカーの行うテストマーケティングの手法は、最初に少量だけ生産して、販路をコンビニだけに限定する、関東地区だけで試すなどの方法で行われる。これで反応がよければ、晴れて全国一斉販売となる。

この販売方法は、全国の小売店を相手に商売をしているメーカーだからこそできるやり方である。小売店のＰＢはいきなり大ロットで生産しなければならないし、つくってしまった商品は自店ですべて販売しなければならない。だから、**在庫リスクに対しては細心の注意が必要**である。

◉物流とコストの関係

「物流を制する者は市場を制する」という格言がある。流通業界においても物流の整備

さまざまな物流コスト

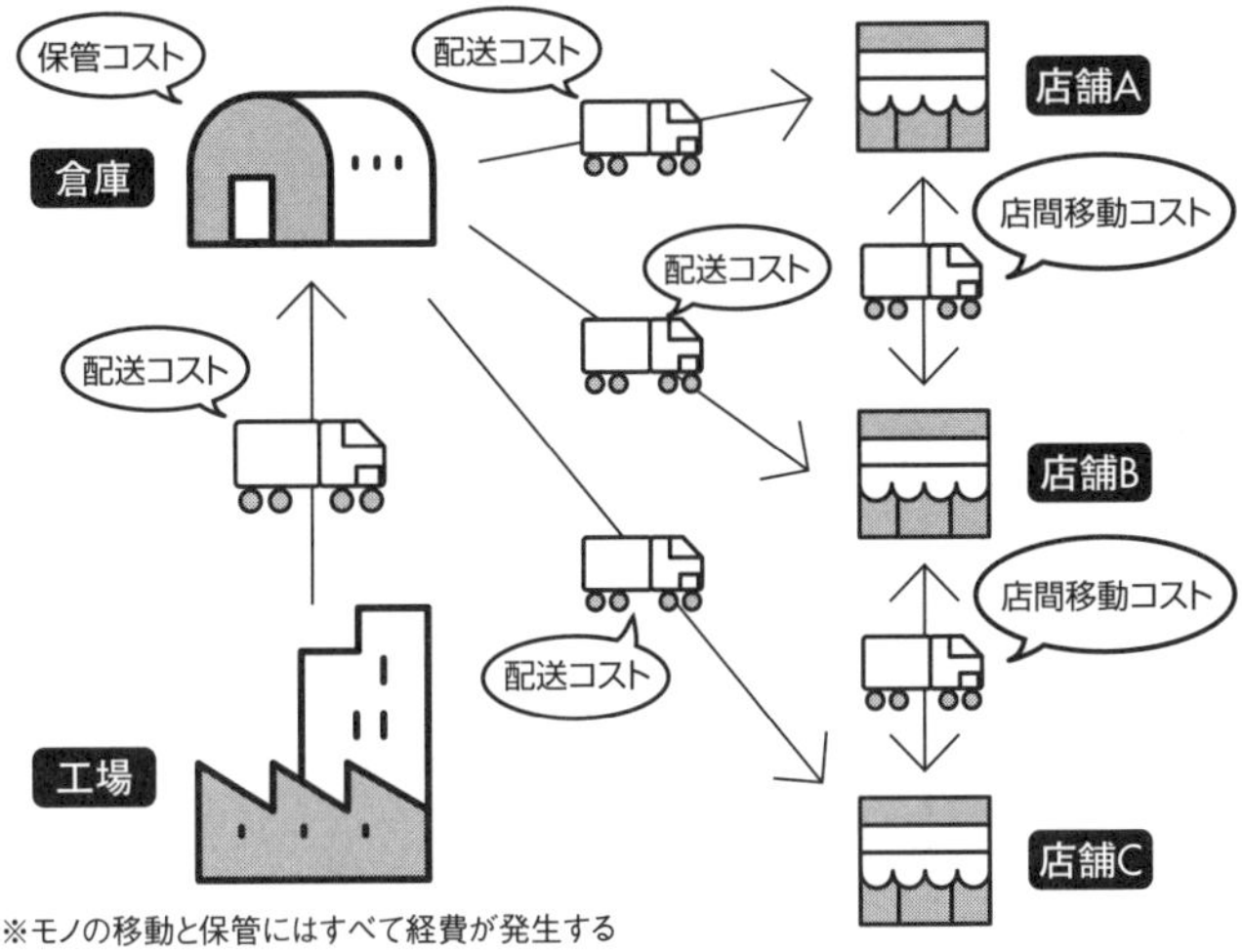

※モノの移動と保管にはすべて経費が発生する

は大切な生命線である。

メーカー倉庫から小売店へ納品する、もしくはメーカーから小売の倉庫に一括納品してから各店へ振り分ける、またはA店からB店へ移動するなど、商品を移動する工程は必ず発生する。

倉庫や配送の仕組みが整備され物流費が安く抑えられていれば、低コストでのオペレーションが可能となり、原価を安く抑え利益の拡大につながる。

イオンはかねてより物流の整備に投資をしてきたおかげで、グループ企業へのPB導入をスムーズに行うことができ、PBを活用した低コストオペレーションを実現している。

10 適正売価と利益の最大化
——PBは必ず売価から決まる

◉売価決定から原価決定へ

仕入れ原価と粗利益高を足したものが売価である。シンプルな構造である。決定に至る順番は2通りある。

①メーカーが提示した原価に小売店が利益を乗せて売価が決まる

メーカーの原価から決まるメーカー主導型の決定方法。

②「販売価格ありき」で、最初に小売店が販売価格を決定する

販売価格から小売店が必要な値入を差し引いてメーカー原価が算出される。小売がメーカーに「○○円で卸してほしい」と打診する、小売店主導の決定方法。

PBの原価と売価の決定は、必ず②の流れでなければならない。PBの売価は、同等のNB品と厳密に比べられるだけでなく、競合店のPBとも比較される。お客様の購買データを分析し、要望をリサーチし、議論を重ねた上で決定される。

決定した販売価格に対して、小売店が利益を最大限に取るためには、目標とする値入

販売価格決定法

①仕入れ価格＋利益 ⇒ **販売価格決定**

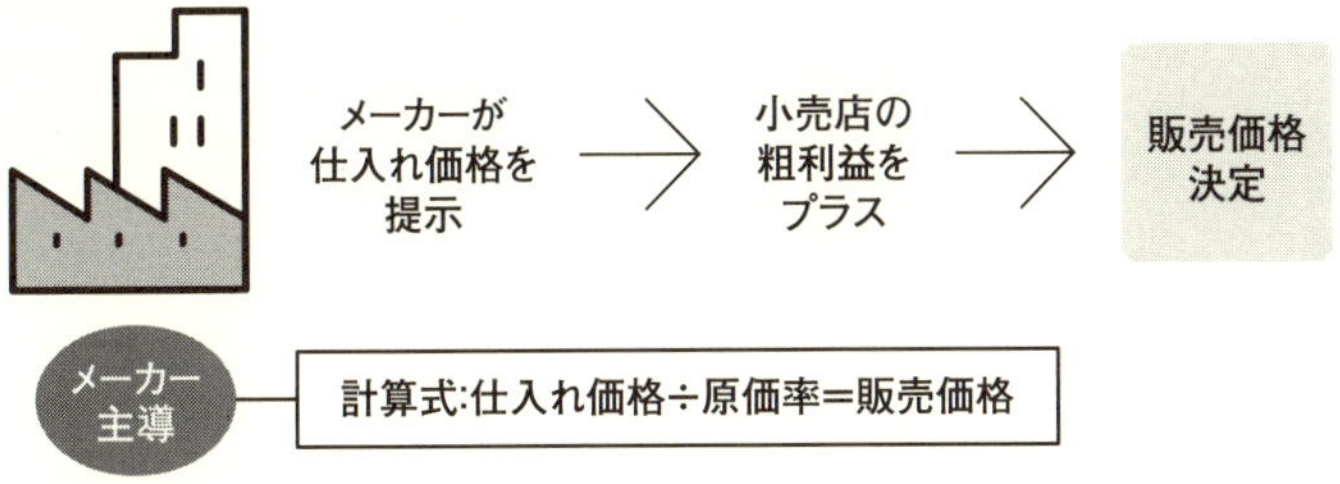

②**販売価格決定** ⇒ 仕入れ価格＋利益

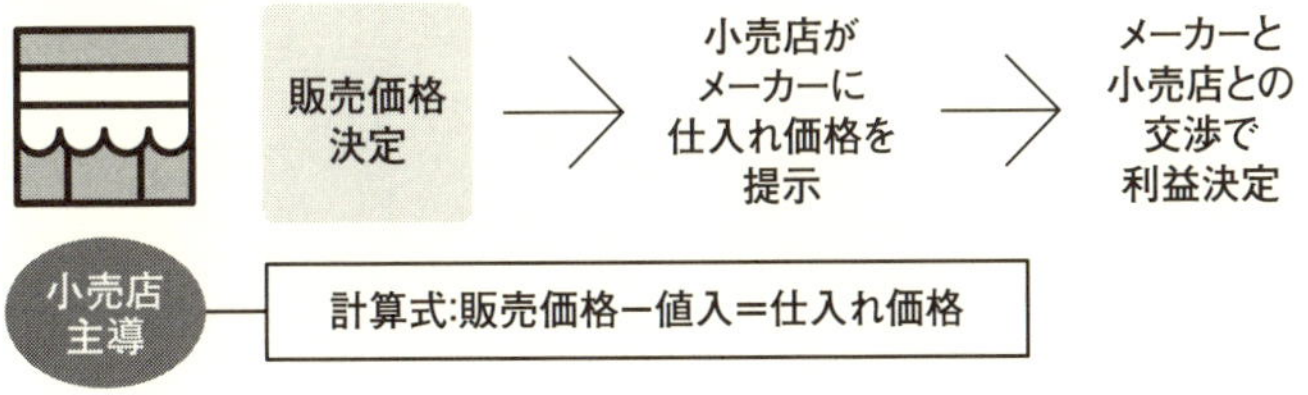

を確保してから、残りの価格を原価としてメーカーでの生産が可能かという確認が必要となる。メーカーに損をさせず、いかに原価を低減するかという、原価決定に至る調整がバイヤーの腕の見せ所である。

　生産ロットや物流の仕組みを工夫する（83ページ参照）ことで生産コストを圧縮できないか、共に知恵を絞り出し、メーカー側も小売側も利益が出る体制を構築することが不可欠だ。

◉利益の最大化

　実はここまで便宜上「値入れ」と「利益」という言葉を混同し

て使ってきたが、その違いについて少し触れておきたい。二つの違いは、仕入れ時点での予定売価で計算するのが「値入れ」で、実際に販売した値段から算出するのが「粗利益」である。

たとえば、5000円で販売する商品を3000円で仕入れた場合の値入率は40％になる。これを実際に5000円で販売できれば粗利益率も40％になる。ところが1000円引きの4000円で販売した時の粗利益率は25％となる。

値入率（％）＝（販売予定価格─仕入れ原価）÷販売予定価格×100

粗利益率（％）＝（実際の販売価格─仕入れ原価）÷実際の販売価格×100

つまり、ＰＢを販売することによって利益を最大化するためには、できる限り開発時に設定した売価を守ることが重要である。数多く売ろうと設定売価よりも下げて販売すると、せっかくよい条件で入荷した商品であっても、実際は粗利益率が大幅に低下してしまう。たとえば、セブンプレミアムやトップバリュでは、チラシ掲載時にもＰＢの売価は変えない「フェアプライス」という考え方を貫いている。

「値入」と「粗利益」の違いを理解し、売上は利益を上げるための道具であると考えて、

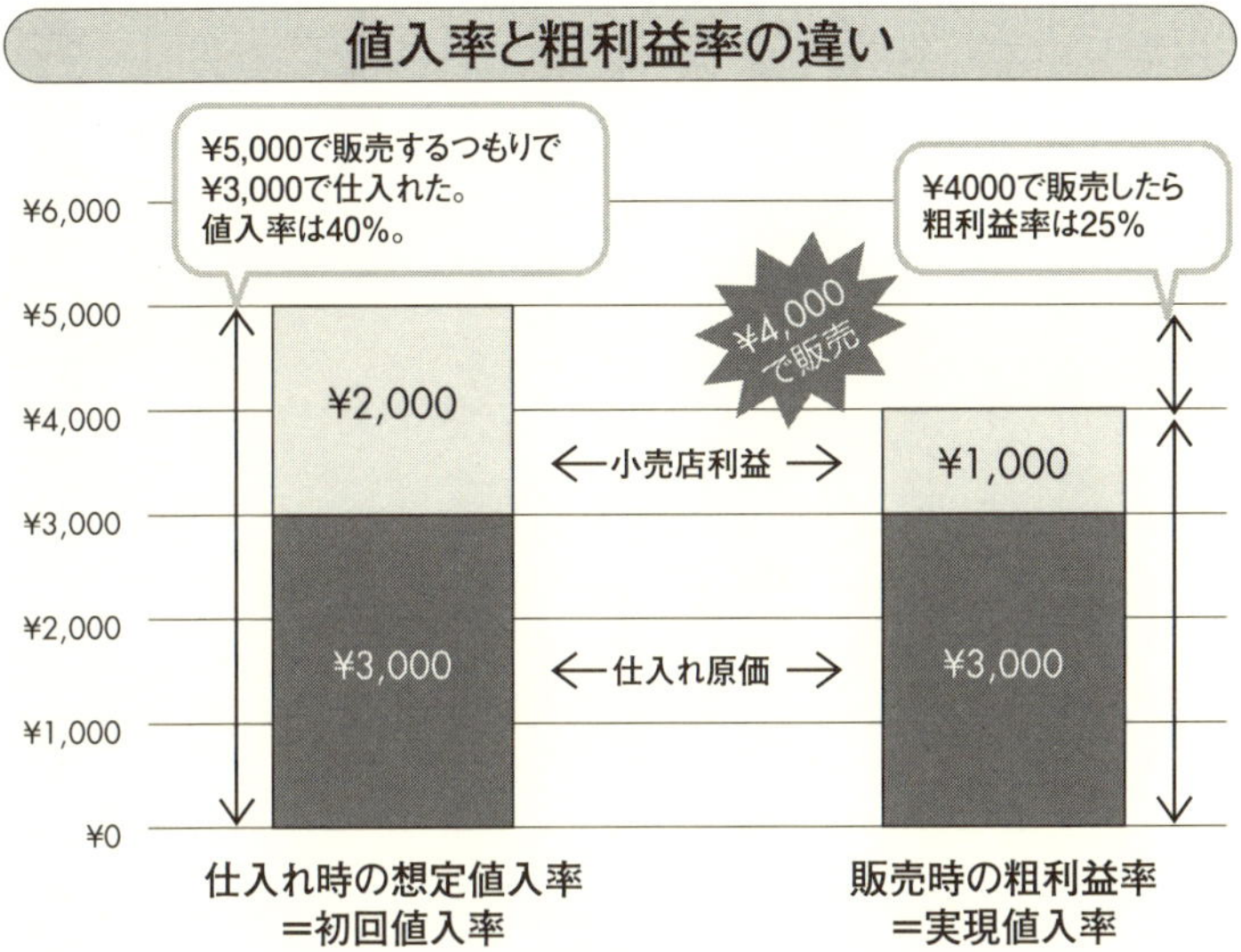

値入率と粗利益率の違い

¥5,000で販売するつもりで
¥3,000で仕入れた。
値入率は40%。

¥4000で販売したら
粗利益率は25%

¥4,000で販売

	仕入れ時の想定値入率 ＝初回値入率	販売時の粗利益率 ＝実現値入率
小売店利益	¥2,000	¥1,000
仕入れ原価	¥3,000	¥3,000

「利益の最大化」を意識するべきである。

11 生産前に販売方法を考察

——陳列の基本と陳列方法に合ったPBづくり

◉陳列の基本

小売業がPBを通してモノづくりをする意義は「**消費者の声や要望をダイレクトに商品に反映できる**」点にある。そこで、「どうやって顧客に良さを伝えるか」「店頭ではどのように陳列していくか」をあらかじめ考慮した上でPBを開発していくことが重要となる。

陳列を考える際には、**「何を」「どこで」「どんな方法で」「どこを見せて」「どのくらいの量を」**という五つの項目を決めることが基本となる。PBは店を代表する看板商品なのだから、ゴンドラ什器ではNBよりもフェイスを多く取ったり、平台やステージを使って重点販売スタイルをとることが多い。その商品にはどんな売り方が適していて、そのためにはどのようなサイズにすべきか、パッケージは棚に置くタイプか、フックに掛けられるタイプにするか、商品名をどのように表記するかなど、あらかじめイメージしてつくるのである。

陳列決定の5項目

決定要素	内容
何を	商品アイテムを決める。PBだけにするかNBの類似品と共に展開するか、など
どこで	店内のどこを使って展開するかを決める
どんな方法で	ゴンドラ、ワゴン（平台）、ステージなど、どの什器を使い、どのように見える陳列にするかを決める
どこを見せて	商品のどの面をどのように見せて陳列するかを選ぶ。顧客が選びやすく、商品の特徴や魅力が伝わりやすい見せ方を工夫する
どのくらいの量を	使用什器と商品の見せ方が決まれば大ざっぱな陳列数量は決まる。PBは店を代表する商品なので、ボリューム陳列する場合が多い

◉「見やすい、触りやすい、選びやすい」陳列

では、「良い陳列」の定義はいったい何か？

それは、「**お客様が、見やすく、触りやすく、選びやすい陳列**」に他ならない。その商品を探しに来店した目的買いのお客様に対しても、売場に来てから興味を持って買ってくださるお客様に対しても「親切な売場」であることが、顧客満足と売上数の最大化につながる。

お客様が店内を歩いていて、まずは商品が目に入り、手に取ってパッケージや裏面のラベルを読んで商品を理解し、他の商品と機能の違いや価格を比較して、購買を決める、という購買行動を考えると、まずは「手に取ってもらえるかどうか」がひとつのカギとなる。

見やすい、触りやすい、選びやすい売場

現場で売場づくりをしたことのある方なら大抵、レイアウト変更や陳列方法の修正など、ささいな工夫で売れ行きを伸ばした経験があるだろう。現場での学びを、商品そのものに反映させることは極めて重要である。

たとえば、ローソンの日用品バイヤーがPB開発で最も気をつけているのは、「ひと目でなんの商品かわかるようにパッケージを工夫している」ことである。なぜなら、コンビニに日用品を買いに来るお客様の大多数が緊急購買なので、コンビニでの日用品の買い物は、最寄りの店に駆け込んですぐに探し出せることが重要だからである。ローソンのPBをNBと比べると、パッケージには商品名もキャッチコピーも大きな文字で端的に表現されている。

◉ネット通販・カタログ通販での販売方法

見やすく選びやすいことが重要なのはリアル店舗に限ったことではなく、ネット通販においてもカタログ通販においても同様である。たとえば、検索による目的買いの顧客が多いネット販売では、他と比べてその商品が目立つか否かはあまり関係ないため、特徴や性能を詳しく書くことが選びやすさにつながる。

カタログ販売では商品の写真を掲載して販売する。パッケージにはカラフルな装飾や詳しい説明書きは不要である。使用上の説明書は封入する必要があるが、簡易なパッケージにしてコストを低減することも考えられる。

顧客の購買方法や来店目的に適した販売方法があり、それに見合った商品開発をすることが重要である。

12 安全と環境への取り組み
――品質管理の徹底と環境法規

◉品質管理の徹底で安心・安全を消費者へ

流通業は、世の中にモノやサービスや情報を提供することによって、生活者の暮らしを便利で豊かにするために存在する。小売店がお客様に提供する商品やサービスの中に、危険なものが含まれないよう、消費者に代わって厳しい目で審査する役割を担う。

ＰＢにおいては、消費者の安全に対する責任は全面的に小売店にある。ダブルチョップＰＢでは製造元や問い合わせ先がメーカーになっているため、情報共有の面でメーカーと小売店とがいかにスムーズに連動できるかが重要である。

イオンのトップバリュは、すべての情報をイオンで受けて、顧客から寄せられる声に応えることを最大の目的としているため、販売者欄も問い合わせ先窓口も「イオン株式会社」と明記している。

製造から流通過程を経て最終的にお客様の元へ安心・安全を届けるためには、各工程において次のような管理体制が必要となる。

安心・安全を消費者に届けるための品質管理

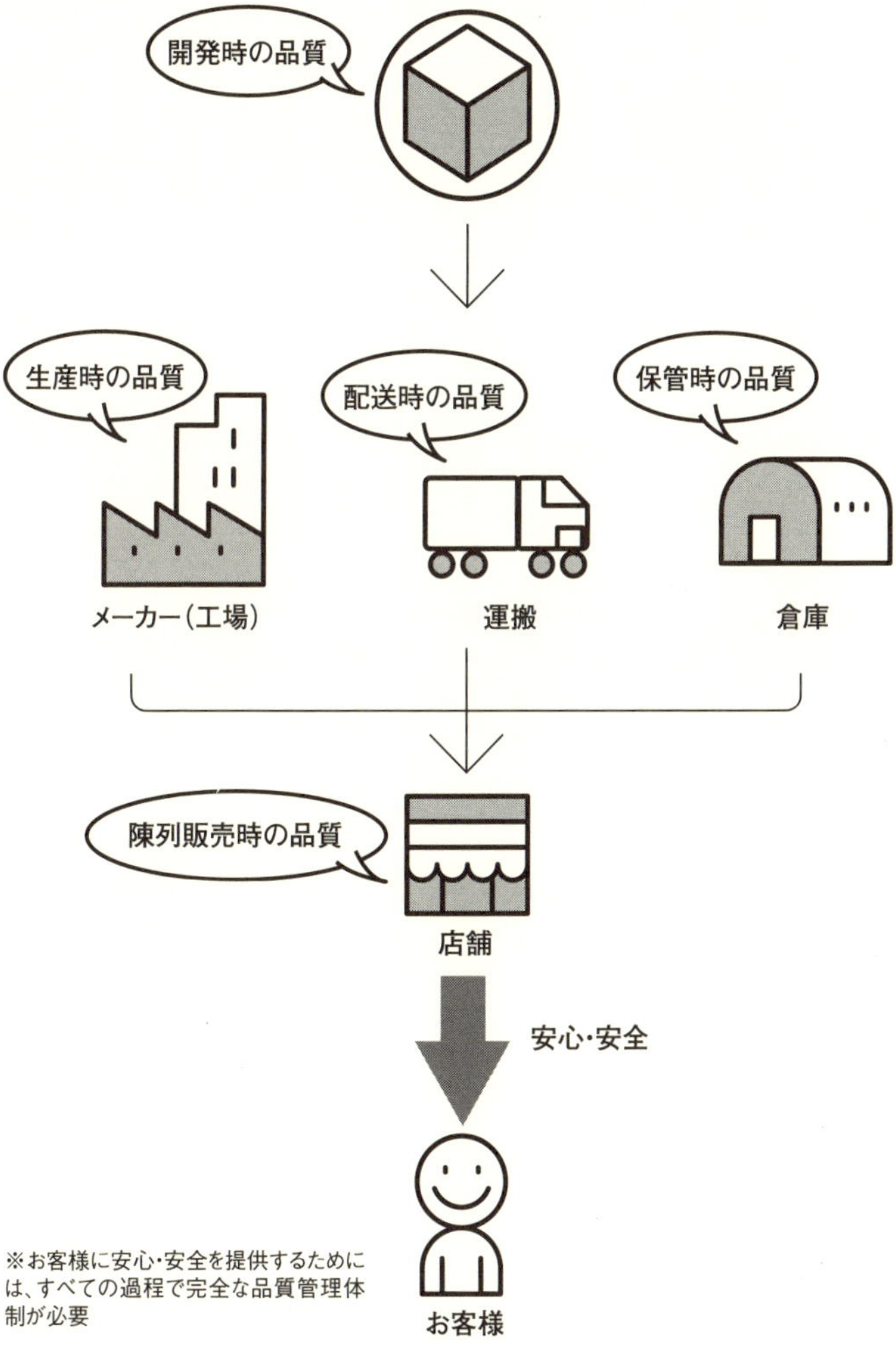

※お客様に安心・安全を提供するためには、すべての過程で完全な品質管理体制が必要

①開発段階で取り決める仕様面での品質

まず開発の段階で、原材料とその調達先の安全性や管理体制、製品そのものの品質に間違いがないか、などを確認する必要がある。

②生産時における品質管理の継続性

安全な商品が開発できたら、その後も取り決め通りの品質を保ちながら継続的に生産する体制が整っていなければならない。初回の生産時に完全な商品であっても、次に生産する時に同じレベルを保つことができなければ何の意味もない。商品本体だけでなくパッケージの色合いや容器・梱包の状態などすべての管理体制が問われる。

③完成後のメーカー倉庫や小売店での在庫管理

次は、商品が完成してから店頭に並ぶまでの間に、配送しメーカーや小売店の倉庫で在庫として置く際の管理体制である。ＰＢは大量に一括生産するため在庫が多く、管理は容易ではない。賞味期限表示を偽装する事件もあったが、在庫管理体制が甘いと、うっかり期限を過ぎた商品が倉庫から出荷されたり、店頭に陳列されたままになったり、などの事態を招くことになる。

安全な商品をお客様に提供するためには、あらゆる場面で徹底した管理が求められる。

ＪＩＳ規格（日本工業規格）や家庭用品品質表示法など品質に関する基準にのっとり、

環境に関する基準

環境法規	管理団体	内容
エコマーク	財団法人日本環境協会エコマーク事務局	さまざまな商品（製品及びサービス）の中で、「生産」から「廃棄」にわたるライフサイクル全体を通して環境への負荷が少なく、環境保全に役立つと認められた商品につけられる環境ラベル。エコマークを使用・表示するには、各商品類型（商品カテゴリー）ごとに定められた認定基準を満たすことが要件となります。具体的には、商品が対象となっている認定基準に照らし合わせて商品認定審査の申込を行い、エコマーク審査委員会での認定を受け、商品ごとに（財）日本環境協会との間でエコマーク使用契約を締結することが必要です。
グリーン購入法	環境省総合環境政策局環境経済課	循環型社会の形成のためには、「再生品等の供給面の取組」に加え、「需要面からの取組が重要である」という観点から、平成12年5月に循環型社会形成推進基本法の個別法のひとつとして「国等による環境物品等の調達の推進等に関する法律（グリーン購入法）」が制定されました。
GPNデータベース	環境省総合環境政策局環境経済課	グリーン購入ガイドラインに沿って商品を環境面から比較選択できるよう、各メーカーが提供する商品の環境情報を、一覧表形式でホームページ上に公開しており、16分野1万商品を掲載しています。

出所：（財）日本環境協会エコマーク事務局HP、環境省HP

さらにメーカー独自の基準も追加で設けている企業が多い。工業標準化の促進を目的とする工業標準化法（昭和24年）に基づき制定された国家規格のＪＩＳだけでも現在では約１万件も制定されている。メーカー独自基準も付加すると、かなり細かく厳しい基準となるが、そのくらい徹底することがスタンダードなのである。

◉環境への取り組み

小売店として、環境への取り組みも今や必須項目になっている。主に法規として意識すべきなのは、グリーン購入法とエコマークとＧＰＮデータベースである。

ただ、グリーン購入法やエコマークの基準を満たすＰＢづくりを目指した結果、生産コストがあまりにも上昇したり、環境対応商品をつくること自体が目的となっては、本末転倒である。

他に、製造、流通、廃棄の過程で排出されるCO_2の量を表示するカーボンフットプリント商品や、代金の一部をクリーンエネルギー事業の支援や植林、森林保護の推進への寄付金にあてるカーボンオフセット商品の販売を通して環境保全に貢献する方法がある。

また、商品開発以外で、店舗運営を含む流通活動全体における環境への取り組みを挙げる。

・配送の効率化によるCO_2排出量削減（倉庫から店舗への配送、地産地消）

・消費電力の削減（LED照明、太陽光発電、壁や天井に省エネ素材）
・販売資源の節約（レジ袋削減、容器の簡略化）
・リサイクルの推進（生ゴミや廃材の再利用）

広い意味での環境保全に無理なく関われる方法を取り入れ、それによってコストダウンにつなげられるよう、柔軟に考えることである。

13 デザインの重要性

——デザインの奥深さとPBのデザイン

◉PBにおけるデザインとは

ＰＢのデザインについて考慮すべきことは何か。「ひと目でＰＢとわかれば買いやすい」「美しくないよりは美しいデザインのほうがいい」といった要望を耳にしたことがある。たとえばセブンプレミアムは、パッケージにグリーンのラインと中央に「７」の文字が入っているデザインが特徴的である。このため、他のＮＢと一緒に陳列されていても、ＰＢを選びたい顧客はこのデザインを目印にしてすぐに見つけることができる。これが「ひと目でＰＢとわかれば買いやすい」パッケージデザインである。

現時点で、顧客がＰＢに対してデザイン面で要求することはさほど多くないと感じる。ＰＢのデザインで重要なのは、「探しやすさ」などお客様への配慮と、「陳列のしやすさ」など販売者への思いやり、「生産効率のよさ」など開発者にも優しいことである。買い手・売り手・つくり手すべての要望を満たす「最適解」をデザインにも反映させることが正しい。

ユニバーサルデザインの7原則

どんな人でも公平に使えること	◉ Equitable use
使う上で自由度が高いこと	◉ Flexibility in use
使い方が簡単で、すぐにわかること	◉ Simple and intuitive
必要な情報がすぐにわかること	◉ Perceptible information
うっかりミスが危険につながらないこと	◉ Tolerance for error
身体への負担（弱い力でも使えること）	◉ Low physical effort
接近や利用するための 十分な大きさと空間を確保すること	◉ Size and space for approach and use

たとえば白い箱に黒いインクで商品名とJANコードしか印刷されていない極めてシンプルなデザインの箱なら、制作費を圧縮した分、販売価格を低減できる。商品を安く販売し、お客様にメリットを還元できるのであれば、それも一つの最適解のデザインといえる。

◉商品デザインのキーワード

工業デザインに関するキーワードがあるので、今後のPBのデザイン向上のためにいくつか紹介する。

①ユニバーサルデザイン

弱者を含めた万人に使いやすいデザインのこと。具体的には、開封用の切り口を付ける、文字を大きく表示する、触覚で区別できるよう容器に突起を付ける、などである。

②エルゴノミクス

人間工学と商品デザインの接点がエルゴノミクスと呼ばれる人間計測学である。「使いやすさを追求する」という点ではユニバーサルデザインと共通しているが、エルゴノミクスは人間と機械の使いやすい寸法をそれぞれ計測して誤認や誤作動を防ぐなど、かなりロジカルである。エルゴノミクスとデザインとしての美しさは比例するものではないため、そこをいかにして近づけるかがデザイナーの腕の見せ所である。

「現時点で、顧客がＰＢに対してデザイン面で要求することはさほど多くない」と述べたが、家電やインテリアといった商品に対しては、デザイン性の高さが求められる。

では、デザインの本質とは何か?

◉デザインの本質とＰＢのデザイン

「デザインは人間と機械の関係性を向上させることが目的」「デザインには思いやりと優しさが必要」などの著名デザイナーの言葉がある。根本には、「人間の感情に響くデザインであることが大切だ」という思想がある。

アメリカの経営コンサルタントであるトム・ピーターズは著書『デザイン魂』の中で、「人の購買行動にとって『事実』よりも『感情』の方が二倍重要だ」という研究結果を紹介している。どんなにすばらしい性能の商品であっても、その商品が感情に訴えるものを

デザインを決める上での確認事項

内容	解説
商品コンセプト	コンセプトが固まっていれば伝え、デザイナーと共にコンセプトから考える方法もある
基本機能	対象商品の概要や機能などの基本情報を伝える
思い・背景	その商品を開発する理由、きっかけ、込められた思い、どういう顧客に購入してほしいか、など
条件	デザイン料の見積り、市場調査等商品計画から依頼するのか、形態や色彩を主としたデザインワークを依頼するか、など
権利	一般的には意匠権等工業所得権は考案者に帰属し、実施権はデザイン料の対価として依頼者側が有する。さまざまなパターンが想定されるため、きちんと確認しておく必要がある
スケジュール	開発スケジュールと発売日を伝え、協力体制をつくる。デザインを提出した後も、試作品をチェックするなど最後の修正までデザイナーにお願いすることで完成度の高い商品に仕上がる

持っていなければ購入されにくいということである。

その意味では、これからのPBは、商品デザインもパッケージデザインももっと進化していかなければならない。

よい商品をつくるには、まずは思いや背景、条件などをしっかりデザイナーに伝え、スムーズに連携して進められる関係を築く必要がある。他に、商品コンセプト、基本機能、権利、スケジュールなどの情報を伝えた上で、デザイナーの感性と創造性を引き出すことが重要である。

14 コンセプトとアイデア

——コンセプトの重要性とアイデアの創出

◉コンセプトはあらゆる場面での判断基準

PB商品を開発することは、一企業としての小売店の代表商品をつくることを意味し、その企業の理念や姿勢に沿ったコンセプトであることが求められる。たとえばカインズは次の経営理念を掲げている。

「〝For the Customers〟
①チェーンストア・イズ・モア・ディスカウント・ビジネスに徹する
②地域格差を解消し国民の豊かな生活づくりに貢献する
③人をつくって商で文化を創造する」

マツモトキヨシホールディングスは、
「あなたにとっての、いちばんへ〝1st for You.〟
①私たちは、すべてのお客様のためにまごころをつくします
②私たちは、すべてのお客様の美と健康のために奉仕して参ります

③私たちは、すべてのお客様にとって、一番親切なお店を目指します」を掲げている。PBの開発に限らず小売店のすべての営業活動は、経営理念に背くものであってはならない。

経営理念をベースにして、開発する個々の商品のコンセプトを決める。このコンセプトが大変重要である。商品が形になって販売されるまでの長い道のりにおいて、幾多の決定をしていかなければならない。その際の判断基準となるのが商品コンセプトなのである。

たとえば、ボックスティッシュをつくるとする。コンセプトを「空間が華やいで、いつも身近に置いて気軽にいくらでも使えるティッシュ」と決めたら、箱のデザインは明るい色遣いで目に留まりやすい柄にし、NB品よりも低価格の最安値として、販売する時には店頭にバルク積みにして集客商品にする、という売場イメージが浮かぶ。

そうではなく、「日常生活をちょっぴり上質にしてくれる、大切な時に使うティッシュ」というコンセプトなら、中身は柔らかいカシミア素材か保湿成分を配合、箱のデザインは黒地に金文字を入れて高級感を出す、あるいはパステルカラーの色遣いで柔らかさを表現する、価格は上質ティッシュクラスの価格帯、女性の化粧落とし用を狙って基礎化粧品売場の近くで販売する、冬から春にかけては風邪・花粉症対策としてマスクや薬と一緒に販売する、という判断がなされる。

まずは経営理念という大きな概念があり、それに即した商品独自のコンセプトを設定し、

それを具現化していくための詳細なアイデアを出していく、という要領となる。根幹となる大きなところを決めてから徐々に詳細なことに落とし込む、という順序を踏むことが矛盾なくスムーズに開発を進めていくポイントである。

◉アイデア創出は日頃の情報収集がカギ

市場に合っていて、なおかつ独創性のあるアイデアを創出するには、日頃の地道な情報収集が欠かせない。情報収集のポイントは次の三つである。

①展示会、ショールーム、競合他店に足を運び五感を使って情報収集
②雑誌、書籍、新聞、インターネット、テレビ、ラジオなどのメディアを通して情報収集
③想像力、感性、トレンドを見極める力を磨いて情報収集の精度を高める

ＰＢ開発に関わる方だけでなく、小売業の関係者であれば多かれ少なかれ展示会や競合店に足を運ぶ、インターネットや雑誌などのメディアから流行っているアイテムを把握する、といったことは実践しているだろう。販売職や商品部の方なら、「休日にプライベートの買い物をしていて、気がついたら価格や品揃えのチェックをしていた」という経験があるだろう。

三つのポイントで特に意識したいのは、③の「想像力、感性、トレンドを見極める力を磨いて情報収集の精度を高める」ことである。「〇〇や△△が売れている」という情報か

アイデア創出に役立つ情報収集

情報源	行動
メーカーや競合店で五感を使った情報収集	◉チェーンストアの場合は自社店舗を見ておく ◉競合他店はできるだけすべて見ておく、定点観測する店を決めておく ◉百貨店、量販店、ディスカウントストア、専門店などさまざまな業態の店に行く ◉メーカーの展示会やショールームに行く ◉メーカーの工場や商品開発室に行って話を聞く
テレビ、雑誌、インターネットなどのメディアを活用	◉雑誌、書籍、新聞、通販カタログなどの紙媒体を読む ◉紙媒体からは総合的な情報が入手できるため、乱読、ななめ読み、精読を使い分ける ◉インターネットの検索機能を使って詳しく知りたい情報を追求する ◉影響力のある人のブログや、クチコミ情報、ランキングなどをチェックする ◉テレビ、ラジオのニュースや情報番組からトレンドを知る ◉CMやバラエティで頻繁に取り上げられるテーマや出演回数の多い人をチェックする
想像力、感性、トレンドを見極める力を磨く	◉美術展に行ったり映画を見たりして感性を磨く ◉人気の飲食店や話題の場所に行ってみる ◉友人知人の家に遊びに行く ◉街中や電車の中で聞き耳を立てる ◉見聞きしたこと、感じたことをメモに取る ◉取り入れている情報の中から、市場動向や消費者の変化を読み解く作業をする ◉情報源が適切か、定期的に振り返ってみる

ら想像を広げ、市場の動きや消費者の変化を感じ取ることができて初めて情報が生きる。

トレンドやブームの予感は「肌で感じる空気」だといっても過言ではない。「今はコレが流行っているよ！」という勝ち組の雰囲気を感じ取るのだ。感覚的で説明が難しいのだが、「波長」という言葉も近いかもしれない。

トレンドを感じ取る力は、意識して磨けば誰でも身に付けられる能力で、特別な才能やセンスは要らない。五感を磨き、メディアを駆使して継続的に情報収集を行い、商品開発に反映していかなければならない。

15 企画会議突破法

――できるだけ周囲を巻き込みながら進める

◉巻き込み力と強い意志を持つ力

商品を開発するにあたり上層部から承認をもらう必要がある。承認過程は、小売店によってかなり差があるものの、多かれ少なかれ社内でなんらかの了承を取り付けることは、避けられないプロセスである。ＰＢ開発の前に、「社内の企画会議」について考えておかなければならない。

社内プレゼンの前に、アイデア出しの段階から、できるだけ他部署の人を巻き込んでおく必要がある。アイデアを出し合うブレーンストーミング会議に出席してもらう、あるいは、立ち話で「参考まで意見を聞かせてほしい」と気楽なスタイルで巻き込む方法もある。

他部署を巻き込むと、社内プレゼンを通しやすくなるだけでなく、さまざまな意見を聞くことでアイデアの幅が広がることや、販売開始後の販促プロモーションで協力を得やすくなるなど、メリットは多い。

以前私が開発したPBは、マーケティング部門、取引先、デザイナーなど数十人を大胆に巻き込んで熱く議論しながら大変な思いをして誕生した。そのPBは、担当変更で私の手を離れたが、誕生に関わった人たちの手で進化し続け、販促キャンペーンを打ってもらうなど、現在も非常にかわいがってもらっている。

一方で、人を巻き込む際には、開発を主導するバイヤーやマーチャンダイザー本人の軸がしっかりしていないと、さまざまな意見を受ける過程で次第に無難で面白みのない内容に変わってしまったり、矛盾が生じたり、新たな問題が発生する危険性が出てくる。

開発担当者は、いつもコンセプトを中心に置いて、「これはキモ」「これは譲れない」という意志をしっかり持ち、それを周囲に納得させ、協力を得ながら開発を進めなければならない。

◉企画会議突破の秘訣

企画会議では、理不尽な事情でうまく主張が通らないこともある。なんとしてでも通したい企画がある場合には、「最初から本命案とセカンド案を両方出す」というテクニックがある。営業マン向けの商談テクニックとしてよく取り上げられるもので、最初から本命案Aを通すためにあえてセカンド案Bも用意しておき、「BよりAのほうがよい企画だ」という流れにするものである。

PB開発に巻き込む部署

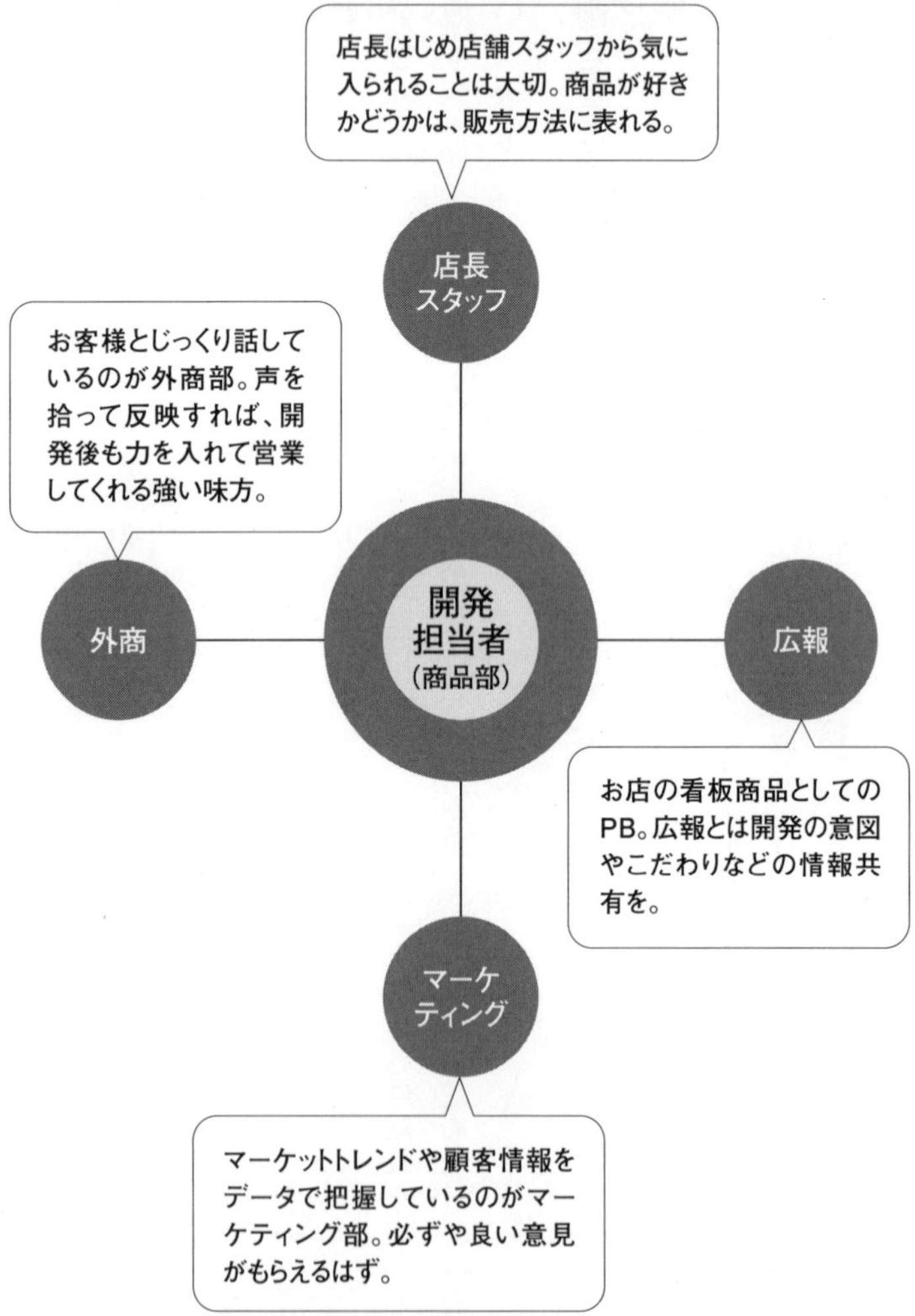
店長はじめ店舗スタッフから気に入られることは大切。商品が好きかどうかは、販売方法に表れる。
店長スタッフ
お客様とじっくり話しているのが外商部。声を拾って反映すれば、開発後も力を入れて営業してくれる強い味方。
外商
開発担当者(商品部)
広報
お店の看板商品としてのPB。広報とは開発の意図やこだわりなどの情報共有を。
マーケティング
マーケットトレンドや顧客情報をデータで把握しているのがマーケティング部。必ずや良い意見がもらえるはず。

※開発担当者が中心となり、開発段階から他部署を巻き込む

「アリかナシか」ではなく、「AかBか」という議論に持ち込む手法は、社外への営業活動だけでなく社内での折衝の場でも応用できるだろう。もちろんこれは会議の席での小手先のテクニックであって、AもBも却下されることもあるだろうし、何より中身が重要であることは言うまでもない。

「巻き込み力」は、あらゆる業種のビジネスパーソンにとって、磨いておいて損はないスキルである。どの立場であっても「自分だけのために一人で仕事をしている」人はいない。個人で事業を展開している人でも、必ず誰かと関わり、誰かの役に立つべく仕事をし、その対価として収入を得ている。物事を進める際にはできるだけ周囲をよい形で巻き込み、成果をあげた時には皆で喜べるような環境をつくることである。

3章

PBのつくり方

16 開発の手順とスケジュール
——発売日から逆算してスケジュールを組む

◉事前準備の重要性

どんな仕事でも、事前準備の精度によって、最終的に成し遂げられる結果が変わる。事前準備とは、「最初にゴールを設定してから、そこに行きつくためのスケジュールを組み、必要な体制を整える」ことである。

同様に商品開発においても、最初にベストな発売日を設定し、それを店頭でどのように華々しくデビューさせるかというイメージまでつくり上げてから、逆算してスケジュールを組み、しっかりと事前準備をして開発に着手する、という過程が重要である。

具体的にどのような順序で準備をするべきか。その指標として、齋藤孝氏の著書『段取り力』から「デザインシート」を紹介する。

『段取り力』には、「完成体から、それが作られてきた段取りをエックス線のように透視できるようになると、自分が段取りを組むことができるようになる」、と記されている。

まずターゲットを明確にし、狙いやコンセプトを決めるという大きな枠をつくった上で、そこに必要な段取りや裏段取りを書き出す、という手順で進める。すなわち大きいことを決めてから、徐々に細かで具体的な事象に落とし込んでいく、という順序がポイントとなる。

◉開発の主な工程

商品開発のおおまかな流れは次の通りである（詳細は76ページ以降）。

①開発商品の決定
②商品コンセプトの決定
③複数メーカーと商談後、原価、生産ロットの確認
④メーカー、提携工場の決定
⑤販売計画数、開発にかかる必要経費の試算
⑥スペック、デザイン、商品名などの詳細決定
⑦工場訪問
⑧試作品のチェック
⑨生産と納品

以上のような手順となるが、ＰＢ開発は一人でできるものではなく、多くの人と関わりながらつくるものであるため、それなりの時間がかかることを踏まえておきたい。

PB開発のデザインシート

デザインシート(レシピ)

所属

日付　　　年　月　日

氏名

◉対象

◉テーマ(タイトル)

◉ねらい

・

・

・

◉テキスト(素材)

・

・

◉キーワード(キーコンセプト)

・

◉段取り

①

②

③

・

・

◉仕込み(裏段取り)

・

・

出典:齊藤孝著『段取り力』(ちくま文庫)

ＰＢとして開発すべきものかどうかを企画会議にかけ、複数のメーカーと商談した上で、商品のスペック、品質を決定する際にも何度も練り直して詰める。またその過程で、工場に足を運んで品質管理体制や安全面の確認をしておかなければならないし、試作品が上がれば色味の調整など、何かと修正作業も発生する。しかも、こだわればこだわるほど、これらの作業は多く発生する。

各工程にかかる時間を把握した上で、余裕をもったスケジュールを組み、じっくり開発に取り組むべきである。

17 開発商品の決定
――開発アイテムの選定と時間軸の視点

◉開発アイテムの選定

まず、何をＰＢとして開発するかを決める。

ＰＢ開発で最も多いのは、売れ筋のＮＢ商品を参考に、同等の品質で安価なモノをつくることである。ここがメーカーによる商品開発と最も違う点であり、しかもすでに実績のあるＮＢを生産しているメーカーと組んでつくるケースも多い。在庫リスクを負って一度に大量生産するのだから、確実な需要が見込まれ、販売予測数量が読みやすいモノをつくるのはごく自然な発想である。

たとえばセブンプレミアムの開発アイテムは、「マーケットが大きく、使用頻度の高いものから着手している。しかし、何でも開発するということではなく、食品ならば醤油など、いつも食卓にのぼって、多くの消費者に積極的に買っていただける商品を中心に開発していく」という。使用頻度の高い商品は、小売店にとって販売数が安定するメリットがあり、消費者側もＰＢに対して期待している。『チェーンストアエイジ』２００９

年2月15日号の消費者アンケートによると、「ＰＢで購入する商品は何か？」という問いに対して、菓子、調味料、めん類、乳製品、パン・シリアル類、冷凍食品と回答している。**使用頻度の高い商品をＰＢとして開発する**ことは、消費者のニーズに応えることでもある。

しかし昨今のＰＢ開発ラッシュで、大手流通業では各商品群の売れ筋商品をＰＢ化する動きは一巡した。売れ筋の主要アイテムを開発し終えた小売店では、次のステージに移ることになる。

次の課題は「既存商品をベースに、小売店独自の工夫を加えることができるか」という点にある。セブンプレミアムで大ヒットした冷凍食品の例を見てみよう。従来の冷凍食品に対して「個食対応」という概念を突き詰めていったところ、一回分食べきりサイズの容量で、売価１００円というスタイルにたどりついた。この１００円冷食シリーズがセブン‐イレブンで大ヒットしたことで、それまではコンビニで冷食を積極的に販売するという概念がなかったにもかかわらず、現在では複数アイテムをまとめ買いする消費者も多い。既存の商品に小売店のオリジナリティを加えて新しい価値を生み出す新商品開発の事例ではないだろうか。

さらに上のステージ、すなわち一からモノづくりをする商品開発となると、ユニクロや無印良品のようなＳＰＡ業態に行きつく。

顕在ニーズと潜在ニーズに応える商品開発

顕在ニーズに応える短期的視点

	既存カテゴリー	新規カテゴリー
新商品開発	○	
既存商品改良	◎	△

市場に出回っていてニーズがわかるモノは、短期間で開発する

潜在ニーズに応える長期的視点

	既存カテゴリー	新規カテゴリー
新商品開発	△	◎
既存商品改良		○

市場にまだなくニーズがどのくらいあるかわからないモノは時間をかけてつくり上げる

◉商品開発における時間軸の視点

　PBに限らず商品開発全般では、短期的視点と長期的視点との両方が必要であり、このバランスが消費者の顕在ニーズと潜在ニーズの両方に応えうる秘訣である。

　消費者の顕在ニーズに確実に応えるためには、既存商品改良に重点を置くべきである。改良の方法として、セブンプレミアムの100円冷食のように容量や価格に注目する方法や、サイズ、デザイン、機能の追加や削除が挙げられる。

　ユニクロのヒット商品ヒートテックやブラトップなど潜在ニーズに応えるモノは、新規カテゴリー新規市場を狙い、長期的視点での開発に重きが置かれる。文字通り、ニーズが潜在しているために、実際に販売してみない

ことにはどの程度売れるかまったくわからない。入念なマーケティングやテスト販売を行うとしても、やはり前例がないためにある程度の在庫リスクが伴う。

ＰＢブランドの進化と深化の先には、リスクの増大と比例して、より長期的で潜在ニーズに応える商品開発という道があり、これがＰＢブランディングの一つの過程といえる。

最終的には「お客様に対して自店がどのような商品を提示するのか」という店のあり方に合わせたＰＢづくりをすることが重要である。

ＳＰＡでなく、ＮＢとＰＢの共存による品揃えを行って、お客様から選んでもらう店づくりをしている小売店にとって、顕在ニーズに確実に応えるＰＢづくりにとどめるのか、リスクを取って潜在ニーズまで追いかけるのか、自店の方針を再確認する必要がある。

18 コンセプトの決定
――ブレーンストーミングと評価

何の商品を開発するかアタリをつけたら、コンセプトを決める。62ページで触れた通り、これから商品を開発するにあたり、**明確なコンセプトこそが、次々と迫り来る決定事項の判断基準となる。**

◉アイデア会議を開く

次に、コンセプトを商品という形に具現化するためにアイデア出しを行う。

アイデア会議では、参加メンバーが自由奔放に意見や知識を出し合い連想することで思考や発想を広げるブレーンストーミング（ブレスト）手法が使われることが多い。ブレストを行う際には、批判はしない、質より量を出すようにする、他人のアイデアに迎合する、などのルールがある。

ブレストに最適な人数は5～10名と言われるが、PB開発のアイデア会議で大切なのは、できるだけいろいろな部署の人に参加してもらうことである。66ページでも触れたように、商品開発の主導者（バイヤーやマーチャンダイザー）が中心となって、接客販売を担う

ブレーンストーミングのルール

ルール	内容
批判厳禁	出されたアイデアに対する批判や判断、意見することは慎む
自由奔放	誰もが思いつくようなアイデアよりも、奇抜、斬新、乱暴、つまらないアイデアなど自由奔放な発言を歓迎する
質より量	アイデアの量を求める。一般的な考えから新規性のあるものまで、とにかく多いほどよい
結合改善	他人のアイデアを修正、改善、発展、結合する。出された改善案や組み合わせを歓迎し、他人のアイデアに便乗する

店長や、販促キャンペーンなどのプロモーション担当部署、コールセンター、外商担当者、それにマーケティング部など、お客様と接する各部署を巻き込むのである。

たとえば、タオルハンカチの開発会議が行われている。商品のプロであるバイヤーからは流行の色や織り方の情報が出され、店長からは「思い切って20色くらいつくってみてはどうか？」という意見が出る。コールセンター担当者は「オリジナルのキャラクターをつくって刺繍してはどうか？」、外商担当者は「和風の渋い無地がいいだろう、ギフトパッケージもつけてみては？」といった意見が出る。アイデアの数が増えれば、よい商品が誕生する可能性も広がる。

アイデア会議以外の場で一人思考を巡らせる際には、紙の上で放射線状に広げて発想を紡いでいくマインドマップ（トニー・ブザン著『マインドマップ』参照）を活用するのもよい。「サイズは？　パッケージは？　デザインは？　価格は？」などの要素を書き出してチェックリストを作成してみてもいいだろう。

●アイデアを評価してまとめる

ブレスト会議やマインドマップでアイデアが出尽くしたら、整理し、まとめ作業に入る。バラバラに出てきた大量のアイデアを、「誰が、何を、どのように使うために」開発するのか、という観点でストーリーを組み立てながらまとめるとよい。まとめたストーリーが、自社の経営理念に沿いＰＢのコンセプトに合っていることを、採用の判断基準として評価する。

19 仕入原価と生産ロットの確認

――商談で確認すべき条件

◉生産ロット確認の重要性

工場での生産ロットと販売予測数が見合うことが、ＰＢ開発を実現させられるか否かの大きな判断基準になることは40ページで解説した。

ここでさらに深掘りする。

生産ロットといっても一つではない。

たとえば、ＰＢの食器用洗剤をつくる計画を立案するとしよう。生産ロットという視点で、食器用洗剤という製品がどのような部材でできているか分解すると、フタを含む容器、それに巻いてあるフィルム素材のラベル、中の液体の三つに分けられる。これら三つの部材は、それぞれ別の生産ラインで製造されており、多くの場合はバラバラの工場でつくられていることが多い。当然、一度に生産される単位がそれぞれ違ってくる。

容器の生産ラインを一度稼働させると、１０００個の容器がつくられる。二回稼働すれば２０００個、三回で３０００個できる、という計算になる。同様に、フィルム製の

食器用洗剤の製造例

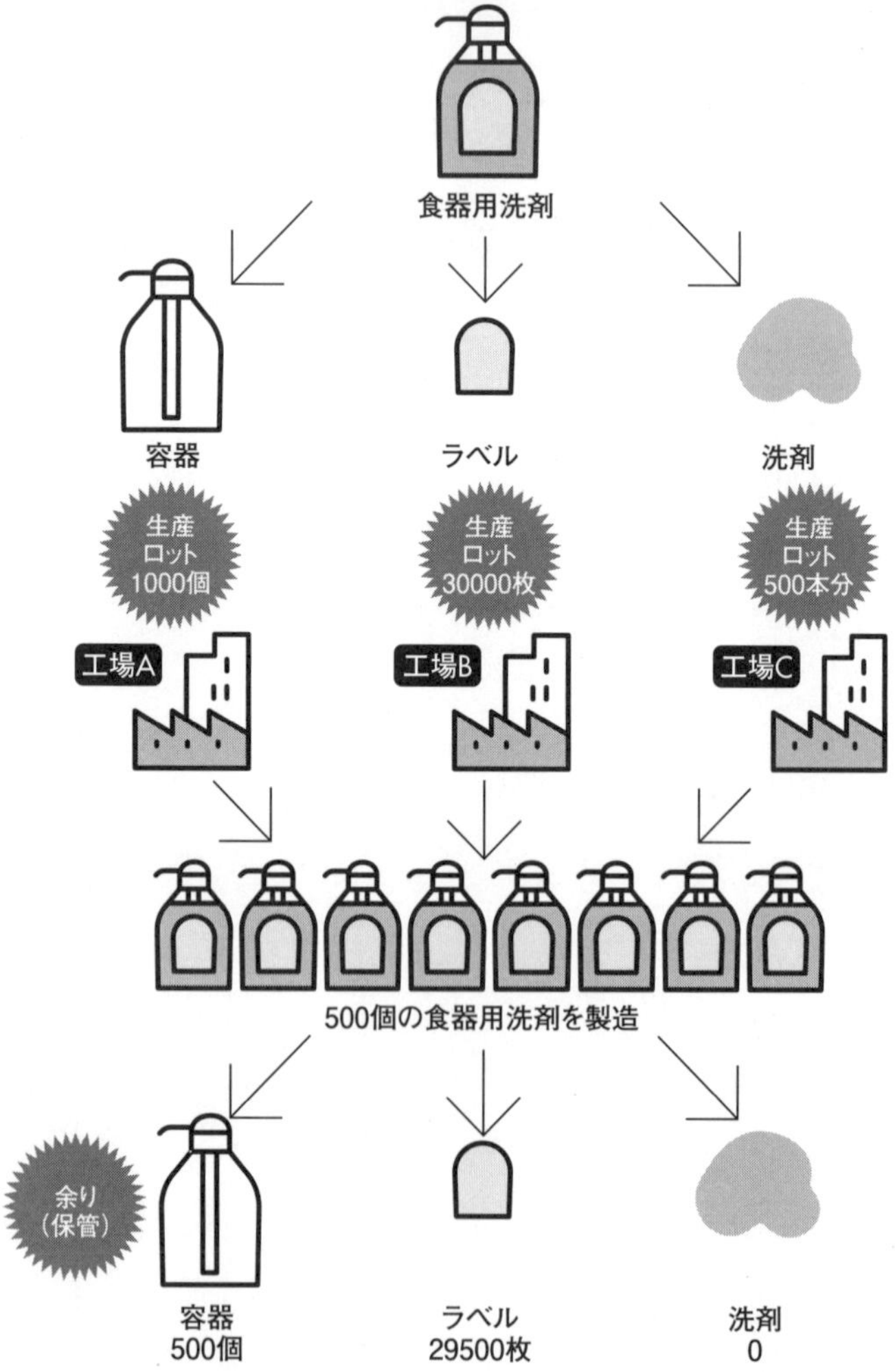

※バラバラの工場でつくられる部材を組みあわせて、一つの製品ができる

ラベルをBという工場で生産するが、一度機械を稼働させると3万枚もつくられてしまい、工場Cは一度で500本分の液体が製造される。この条件で最低数量分の製品を生産する場合、あらかじめ工場Cに容器とラベルを送っておき、500本分の液体を生産した時に、500個の容器と500枚のラベルを使って500個の食器用洗剤を製品化する。この分が売れて次に発注が来るまで、残った500個の容器と2万9500枚のラベルは保管される。

製品化するべきか否か、判断の難しさはここにある。次の生産が半年後だとすると、残った500個の容器の保管費用が発生するし、またこのペースで生産するならばラベルの在庫を消化するまでには30年もかかる計算になる（3万枚を1年につき1000枚ずつ消化）。ラベルは数年で劣化するし、成分や表記を変えることなく30年間継続的に生産することも現実的ではない。途中で使えなくなったラベルの在庫は廃棄することになり、廃棄する際にも費用がかかる。

「生産ロットの確認」とは、一つの製品であってもそれぞれ部材単位でシミュレーションすることを意味する。製造原価もこの過程でさまざまな工夫をすることによって安く抑えることができる。洗剤の例であれば、容器はNBで使っているのと同じものを共有する、フィルム製のラベルだと生産ロットが大きいため小ロットが可能な紙製ラベルを糊づけする方法を検討する、中身の液体を、別の工場のさらに小さな機械を使って300個で生産する、など安くできる方法がある。加工工程の長い商品ほど途中で改善できる余地が多く、生産コストを下げられる可能性も高い。

私自身これまでに、生産ロットが大きすぎて条件が合わず、開発を断念してきた商品が数えきれないほどある。

トップバリュやセブンプレミアムなどの大規模なブランドでは、供給量が多いため生産量が追い付かないリスクも想定される。その場合、1社だけに頼るのではなく、2社体制でモノづくりをするなどの方法で、リスクを回避する。

20 メーカー・工場の決定

――開発商品が決まる瞬間

◉条件と品質基準の確認

小売店が求める生産ロット、価格、生産体制の面で、メーカーや工場の条件とある程度見合えば、いよいよPB商品の開発は実現化に近づく。

最終的な判断を下す前に、確認しておきたいことがいくつかある。

メーカーやその提携工場が安心・安全をどのくらい重視しているか、またそのために品質管理をどのような体制で行っているか、など意識レベルの取り組みである。

『チェーンストアエイジ』（2009年2月15日号）の「PBの購入重視点」（買う時にどこを重視するか）というアンケートの結果は次の通りである。

①価格が安い・手頃
②味や品質がよい
③安心感がある
④安全性に配慮している

⑤必要な商品情報が明示されている

消費者の安心・安全への関心の高さが伺える。また、同誌による小売店側への「PB・SBづくりの差し迫った課題は何か?」という問いでは、

①安全・安心の担保

②品質管理

という回答であり、小売店は、安心・安全を最優先課題と捉えていることがわかる。

しっかりした品質管理の元で、安全な商品を継続的に供給できる仕組みが整っていることは、必要条件と言える。

生産ロットや価格よりも先に、この点を調査する企業も多い。

余談だが、メーカーが海外で生産工場を決める際には、これまでに日本メーカーの製品を生産したことがあるかどうかも選定の基準にする。日本向け製品の生産経験がない工場は、品質の面で劣る可能性が高い。PB開発メーカー選定の際にも、可能な限り相見積りを取りながら、品質管理体制を十分に確認して進めるべきである。

◉パートナー企業としての評価

メーカーや工場と手を組んで継続的にPB商品の製造販売を続けることは、単なる仕入れ先との関係以上の、より強いパートナーシップが必要となる。強固なパートナーシップ

パートナー企業を選ぶ際の評価基準

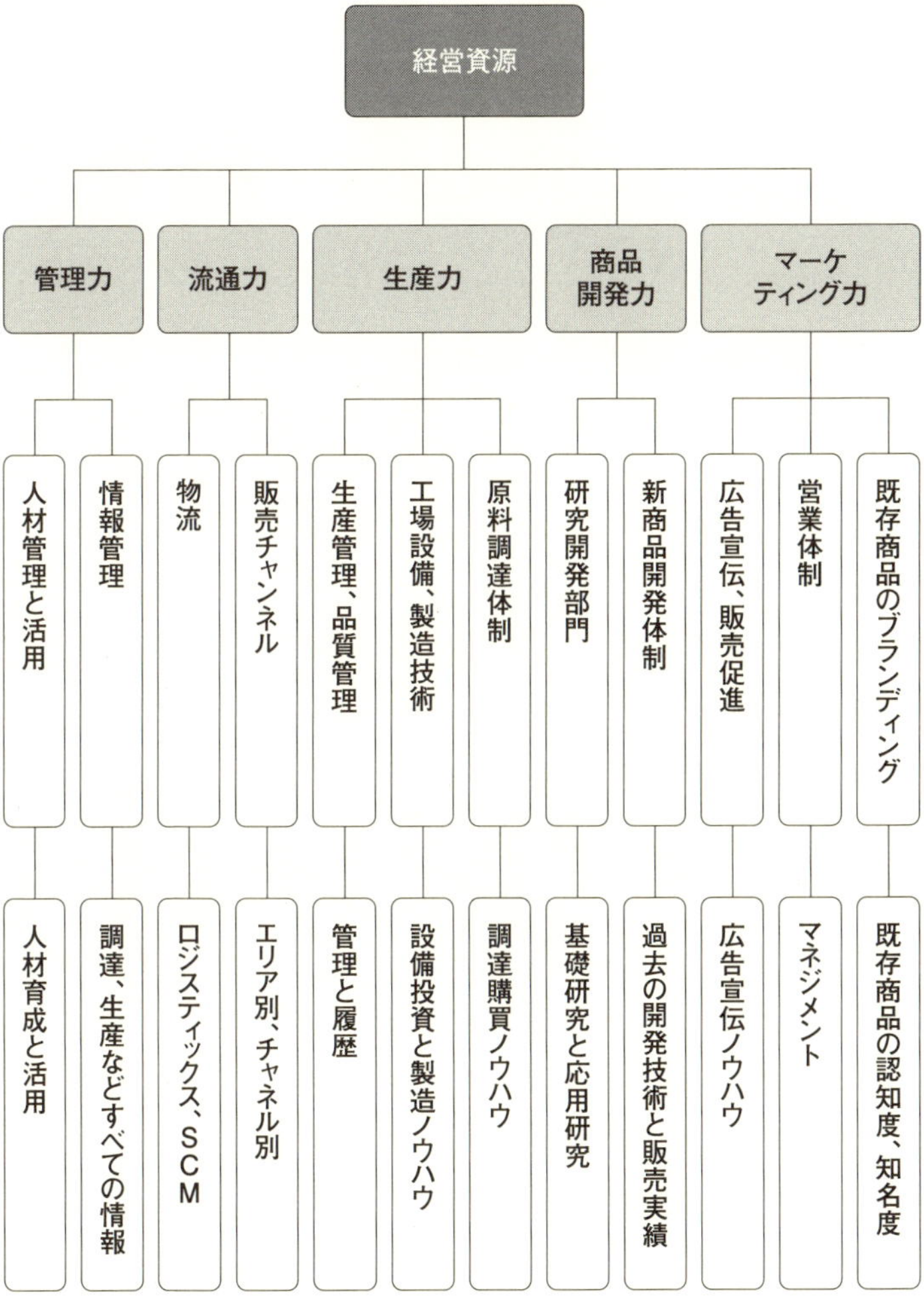

※パートナー企業の強みと弱みを把握しておく

を築くには、パートナーであるメーカー及び工場の財務状況や経営状態を知っておくことが重要である。

ＰＢ開発を協業する前から仕入れ先としてもともと取引があれば、再確認は不要と思われるケースもあろうが、商品開発が決まれば新たな契約を交わす相手なので、改めて確認しておくべきである。

財務状況は、決算書のＰＬやＢＳから経営状態を知ることができる。

経営については、メーカーとして工場としての強みはどこか、反対にあまり強くない点はどこかを知っておくと、お互いに補完しあえることもある。

パートナーとしてのメーカーが有するマーケティング力、商品開発力、流通力、生産力、管理力は、生産や販売開始後に力を発揮する場面が多い。小売店にとって、メーカーに力があるに越したことはない。

21 販売計画数と必要経費の確認

――現状に沿ってシミュレーション

◉販売計画数の算出

ＰＢを含む担当カテゴリー全体の販売計画数を算出する際に、６Ｗ３Ｈを指標としている（５Ｗ１Ｈのフレームワークに項目を追加したもの）。

６Ｗ３Ｈとは、**what（何を）、when（いつ）、where（どこで）、who（誰が）、whom（誰に）、why（なぜ）、how（どうやって）、how much（いくらで）、how many（いくつ）**の９項目を指す。

ＰＢ商品の販売計画数量を割り出す場合にも、６Ｗ３Ｈを使って売場全体の品揃えを俯瞰しシミュレーションする。

たとえば「洗剤Aを、12月の１ヶ月間で、関東地区15店舗で、日用品担当者が中心となり、30～60代の主婦層に、手にも環境にも優しいというキャッチコピーで、キャンペーン価格１９８円で１万５０００本販売する」と目標を設定する。

この時、現場で陥る危険な落とし穴が、希望的観測としての販売数量を算出してしまうことである。希望を持つなという意味では決してなく、うまく行った時の目標値と、そうでなかった時の数値の両方を想定しておいたほうがよい。

ＰＢの新商品といっても、既存ＰＢのパッケージや仕様を変えてリニューアル発売する商品であれば、かなり正確な予測が立てられるはずである。難しいのは、それまでなかった商品を新しく出す時である。その場合、ＮＢの中で機能や価格面で最も近い商品の動向と実績を参考にすることが、最もリアリティのある数字ということになる。

◉必要経費の確認

初期費用の確認もまた、重要な作業である。できれば相見積りを取る時点で、製品コストと共に初期費用も提示してもらうことをお勧めする。

表を参照してわかるように、新しいモノをつくって市場に出すには、何かと費用がかかる。当然これ以外にも、メーカーや工場への立ち入り検査やヒアリング調査など、アクションを起こす回数に比例して経費がかかる。

これらの費用をメーカーと小売店でどのように分担するかは、基本売買契約の内容やこれまでの商慣習などにより、双方で取り決めることになる。

開発担当者は商談の場で、旧商品の在庫量、包材の在庫量と、金型や版下の製作費用を確認しなければならない。新しい形状でオリジナルの商品や容器をつくるには専用の型が

PB開発の必要経費リスト

開発計画	◉既存商品を新しい仕様にリニューアルする場合、旧商品の資材を廃棄または転用
デザイン料	◉小売店のデザイナー、メーカーのデザイナー、アウトソーシング先のデザイナーなど
製造①	◉試作品製作費用
製造②	◉金型製作費用 ◉版下製作費用
物流	◉資材運搬、商品配送 ◉倉庫料
販売費用	◉販促物製作費用 ◉その他市場導入にかかる費用

必要となる。また、商品そのもののデザインやパッケージやラベルのデザインに何色使うかによって、必要な版の枚数が決まる。

その上で、製造コストを回収するためにはいくつ販売しなければならないかを算出する。元をとるまで何年もかかる場合は、その間リニューアルなしで辛抱強く販売し続けなければならない。私もかつて実際にシミュレーションしてみて、初期費用を回収するのに何年もかかることが判明し、開発を断念した経験がある。

特に、販売期間が短く、流行性の高い商品には注意しなければならない。

22

商品スペック、商品デザイン、パッケージデザインの決定

——小売業ならではの視点を込める

◉スペックの決定

ＰＢのスペック決定の際に重要なのは、顧客が必要としている機能を過不足なく搭載することである。「過不足なく」とあえて書くのは、次々と商品開発を行っていると、どうしても新しい機能を追加したくなるからである。よりよいものをつくろうと思えば、「あれもできたほうが便利に違いないし、この機能もあったほうが……」と考えてしまう。

しかしＰＢには、足し算の発想ではなく**不要な機能を思い切ってそぎ落とす「引き算の発想」**が重要である。それは、消費者に最も近いポジションにいる小売業だからこそできることでもある。本当に必要な機能だけをつけて、余分なものは削除し、その分安く製造し安く販売することが、最終的に消費者の求めることであるケースが多い。たとえば、家電製品にはたくさんの機能がついているが、使ったことがない機能も多いのではないだろうか。

これは価格訴求型ＰＢのみならず、付加価値型ＰＢであっても同様で、大切なのは、本

当に顧客が欲している機能だけを搭載して製品化することにある。

◉商品デザインとパッケージデザインの決定

デザインに関する項でも述べたが、一般的な消費性向として、消耗品に対してはあまりデザインにこだわらないが、家具などの耐久財や目立つモノについては色やデザインを重視する。

ＰＢでは、あまりネーミングに凝ることはないかもしれない。オリジナリティ溢れる商品という意図でネーミングにこだわるなら、キャッチーで商品の特徴が瞬時に伝わるものがよい。ＮＢ商品の成功例としては、靴下の「通勤快足」やティッシュの「鼻セレブ」などがある。

商品のスペック、デザイン、ネーミング、これらに共通するキーワードは**お客様にとってわかりやすいかどうか**である。

◉知的所有権について

独自の発想を加えてモノづくりをしたつもりでも、実はすでに他のメーカーが同じような機能やネーミングを使っている場合がある。

特許権や著作権、商標などをまとめて知的所有権という。商品開発をする際には、事前

知的財産権の種類

知的創作物についての権利

- **特許権（特許法）**
  - ◉発明を保護
  - ◉出願から20年（一部25年に延長）
- **実用新案権（実用新案法）**
  - ◉物品の形状等の考案を保護
  - ◉出願から10年
- **意匠権（意匠法）**
  - ◉物品のデザインを保護
  - ◉登録から20年
- **著作権（著作権法）**
  - ◉文芸、学術、美術、音楽、プログラム
  - ◉創作時から死後50年（法人は公表後50年、映画は公表後70年）
- **回路配置利用権（半導体集積回路の回路配置に関する法律）**
  - ◉半導体集積回路の回路配置の利用を保護
  - ◉登録から10年
- **育成者権（種苗法）**
  - ◉植物の新品種を保護
  - ◉登録から25年（樹木30年）
- （技術上、営業上の情報）**営業秘密（不正競争防止法）**
  - ◉ノウハウや顧客リストの盗用など不正競争行為を規制

営業標識についての権利

- **商標権（商標法）**
  - ◉商品・サービスに使用するマークを保護
  - ◉登録から10年（更新あり）
- **商号（会社法、商法）**
  - ◉商号を保護
- **商品等表示·商品形態（不正競争防止法）**
  - 以下の不正競争行為を規制
  - ◉混同惹起行為
  - ◉著名表示冒用行為
  - ◉形態模倣行為（販売から3年）
  - ◉ドメイン名の不正取得等
  - ◉誤認惹起行為

産業財産権

（注）知的財産権のうち、特許権、実用新案権、意匠権及び商標権を産業財産権といいます。

出所：特許庁ホームページ　http://www.jpo.go.jp/indexj.htm

に登録がないかどうか確認する必要がある。生産後に知的所有権に抵触することが発覚して、販売できない事態に陥ることだけは避けなければならない。

23 工場に行く
——現場を自分の目で確認

◉現場へ行くことの重要性

メーカー・工場を決定する際に、安全な商品を生産できる品質管理体制を重視すべきだと前述した。品質管理体制を自分の目で確認するには、現場に行く以外の手段はないため、商品企画の段階で一度工場に行くべきである。

渥美俊一氏は『仕入れと調達』（実務教育出版）の中で、ベンダー訪問について次のように述べている。

「バイイング活動で最も大事な急所は、調査に時間をかけることである。総実働時間の九割は調査、一割が商談と考えたい。商談は長時間の調査の締めくくりであって、バイイング活動の主体ではないのである。」

仕入れ活動において、調査のために時間をかけること、現場に出向くことが重要だと説いている。

NB商品の仕入れのためにさえ徹底的な取引先への訪問を重視するのだから、まして

訪問先と確認事項の設定

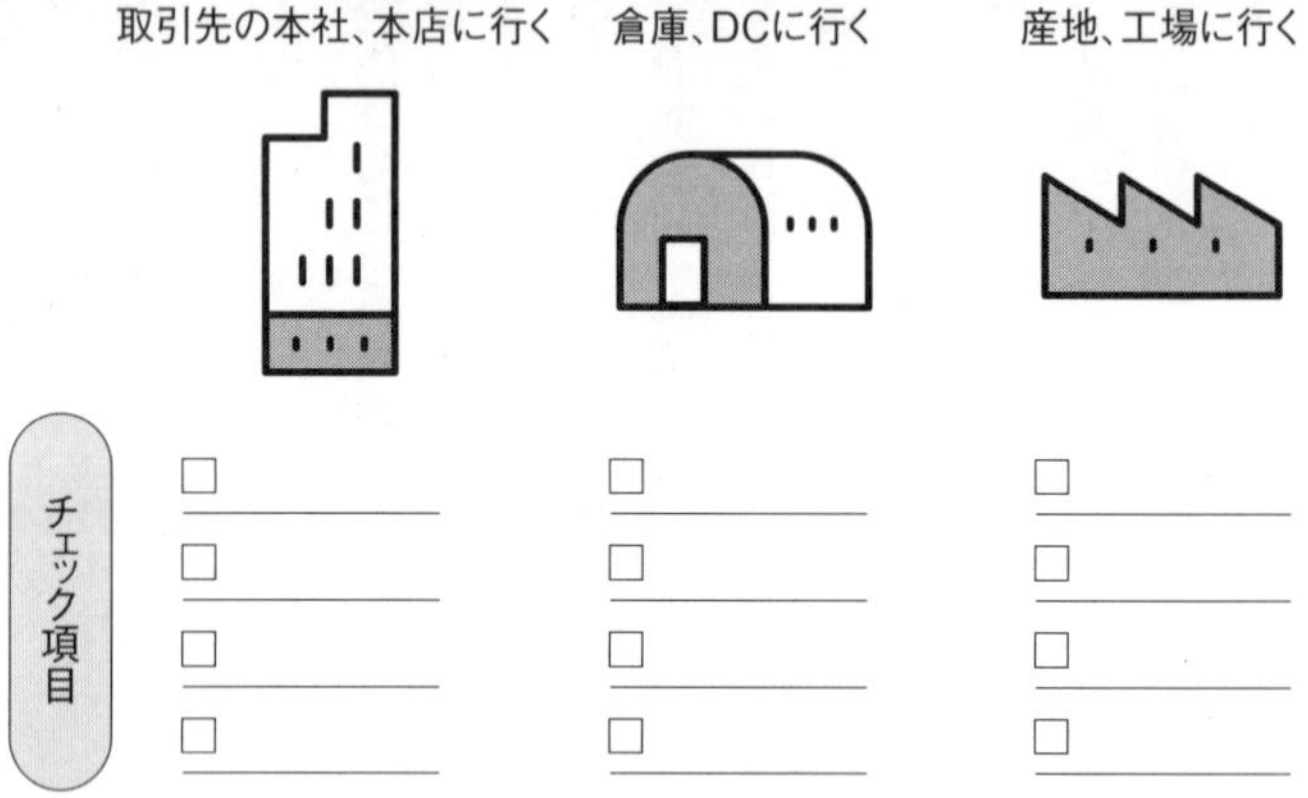

※訪問先で何を確認するのかあらかじめチェック項目をつくってから訪れる

小売業が入り込んで開発するPBに関しては、工場をはじめ**メーカーについて徹底的に調査することは小売店の義務**である。工場が海外であっても、訪問すべきである。

同著は訪問先について次のように述べている。

「第一に、ベンダーを訪問する場合は、原則として本社や本店に行く。」

「第二に、訪れるべきところは、倉庫やディストリビューション・センター（DC）である。」

「第三と第四は、産地と工場とそれぞれの倉庫訪問だ。」

PBの開発と生産という趣旨から、ここでは工場訪問を最優先事項と据えるが、メーカーの本社や倉庫も訪れることができれば、より理解が深まる。現場を訪れる際には、インターネットや書籍で調べられることに関しては、事前に情報を入手してから臨みたい。

さらに渥美氏は工場訪問における注意点として、化学工場ではなく、加工現場が直接見えるところに行くことを推奨している。繊維のケースなら、裁断、染色、縫製、仕上げ現場である。

現場を知っておくことは開発担当者（バイヤーやマーチャンダイザーである場合が多い）にとって、後に役立つことも多い。製品化して販売が始まると、顧客からのさまざまな問い合わせがコールセンターや店舗スタッフを通じて開発担当者の元に寄せられる。たとえば、商品不具合の可能性が出た場合、工場での生産ラインの流れを見ておけば、どの工程でミスが起こったのかイメージがわくし、どのような方法で調査を行うべきか判断しやすくなる。お客様からの問い合わせに、スピードと正確性をもって対応することができる。

現場を訪れるメリットは他にもある。工場長のモノづくりへのこだわりを伺い、こちらもどういう顧客にどのように販売するか消費の現場と顧客の様子を伝え、工場長と直接コミュニケーションを取ることで、良好な関係を築くことにつながる。

24

試作品のチェック

——入念な確認を

◉小売主体のチェック

メーカーが決定しパッケージデザインやスペックも決まり、どうにか製品として形になる段階まで来た。そこでいよいよ本番さながらの試作品をつくる。

抜かりなく詳細を詰めたつもりでも、いざ試作品が仕上がってくると、イメージしていたものからかけ離れていることがある。不安を抱えたまま本番の生産に入ることのないよう、試作の段階で念入りに確認しなければならない。

確認すべき箇所は細部に渡り、かつかなり多い。食品、衣料品、住居関連品など、カテゴリーによってもチェックポイントはさまざまで、商品によっても異なる。

中身については、取り決めした通りの成分や材質、機能であることを確認し、色・におい・感触などの印象を確かめる。不都合な点があれば、時間や予算、メーカー都合を確認しながら修正を加える。

パッケージで確認すべきは、中身が直接入っている容器の形状やサイズ、またそれについているラベルの色やデザイン、表記、ロゴのほか、内箱や外箱、包装形態もチェックする必要がある。私の経験でやり直しの多かった箇所は、色の修正である。デザイナーとは、PDFデータや出力紙などを使って色やデザインの打ち合わせを進める。その際に色番号で指定をしても、いざ試作してみると、思っていた色のイメージと異なることがある。誤差が出やすいのは、紙素材よりもフィルム素材の場合である。洗剤や飲料など中の液体が透けて見える場合は、液体を入れた状態で色チェックをしなければならない。

◉ラベル表記のチェック

最も重要なのが、ラベルの表記事項のチェックである。ラベル表記の誤りは、決して許されることではない。メーカーにも小売店にも慎重に確認することが求められる。

表記内容には、専門知識を要する製品も多い。たとえば日用品なら、薬事法を踏まえた適切な表現が求められるし、食品なら食品衛生法の理解とアレルギー物質の表記義務がある。したがって表記チェックは、メーカーの営業マンだけでなく、開発部門など専門部署担当者にも確認してもらうことをお勧めする。小売店は消費者視点でわかりやすい商品名やキャッチコピーを考え、メーカーは法的な問題点のチェックなど、専門的視点に立ってディスカッションすることが望ましい。

また、「プラ」「紙」などパッケージ素材の表記でも、義務化されている項目が非常に多

試作品チェックリスト

中身	成分	取り決め通りの成分でできている
	機能	取り決め通りの機能がついている
	印象	色、におい、感触など
パッケージ	容器	中身が直接入っている容器
	ラベル	色・デザイン、表記、ロゴなど
	外装	化粧箱(内箱)、外箱、包装など

い。確認に細心の注意を払わなければならない。

◉契約締結と仕様書

商品仕様や納品段取りが決まった時点で契約書を交わすことが多い。契約書に覚書や商談リストを添付するなど、フォーマットは企業によって異なる。仕様書は開発段階から作成し、本番の生産に入る時点で確定となる。1枚から100枚近いケースもある。

25 生産と出荷

——本生産と物流の知識

◉本生産開始

試作品に修正を加えて最終的な形ができあがったら、いよいよ次は本番の生産に入る。発売開始のベストなタイミングに合わせて生産できるようスケジュールを調整しよう。特に、海外の工場から輸送する際にはリードタイムを考慮する必要がある。

本生産される瞬間というのは、まるで10ヶ月間お腹の中で育てたわが子と対面する時のように感動的である。私はできる限り、この時にも工場に出向き立ち合うようにしている。

◉製品の出荷

本生産が完了したら、梱包して出荷される。

できればこの時にも、約束通りの荷姿になっているか確認したい。ラベルや外箱に、商品名や型式番号、JANコード、ITFコードなどの必要事項が明記されているかなど、

物流の6つの機能

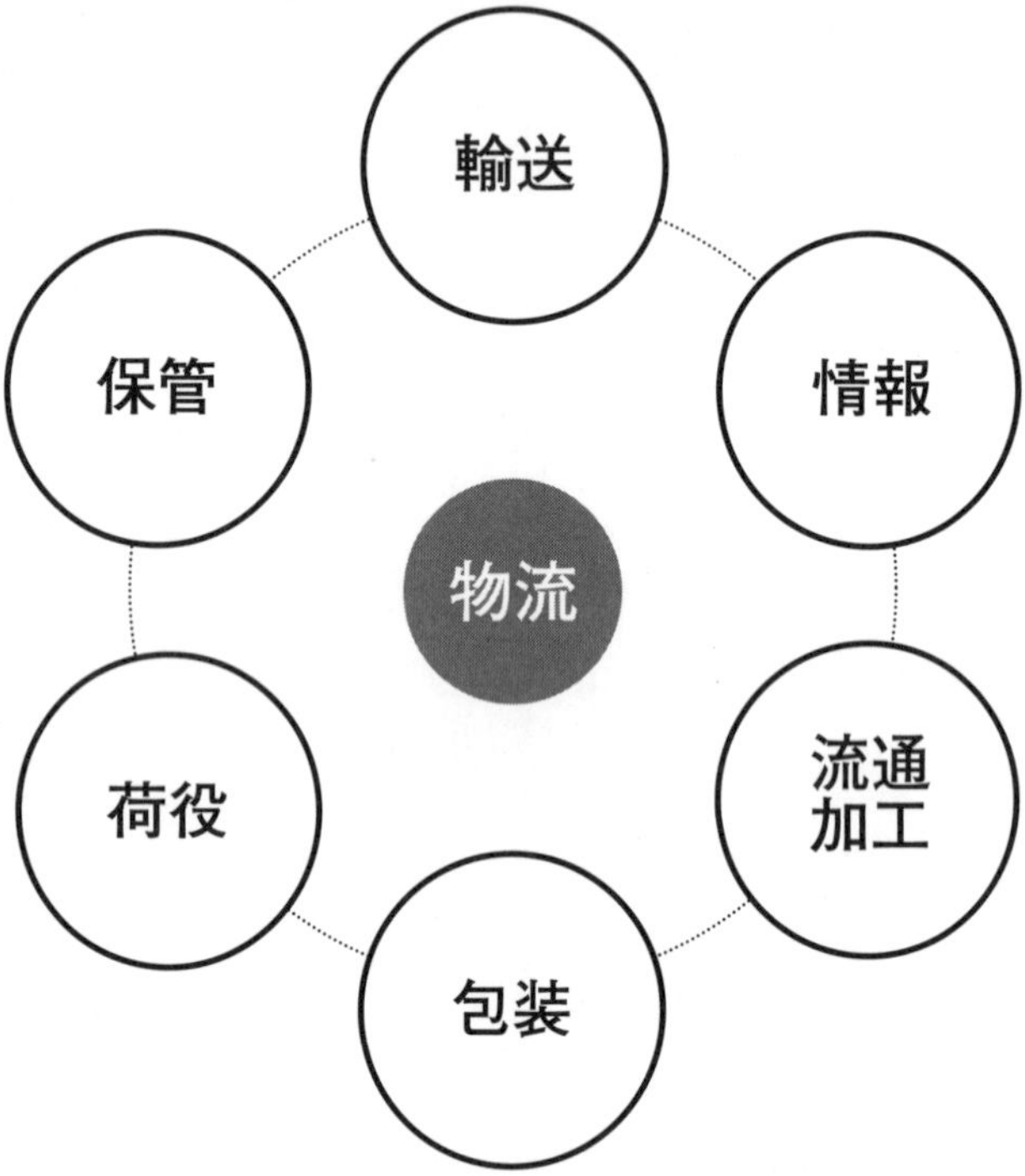
輸送
情報
流通加工
包装
荷役
保管
物流

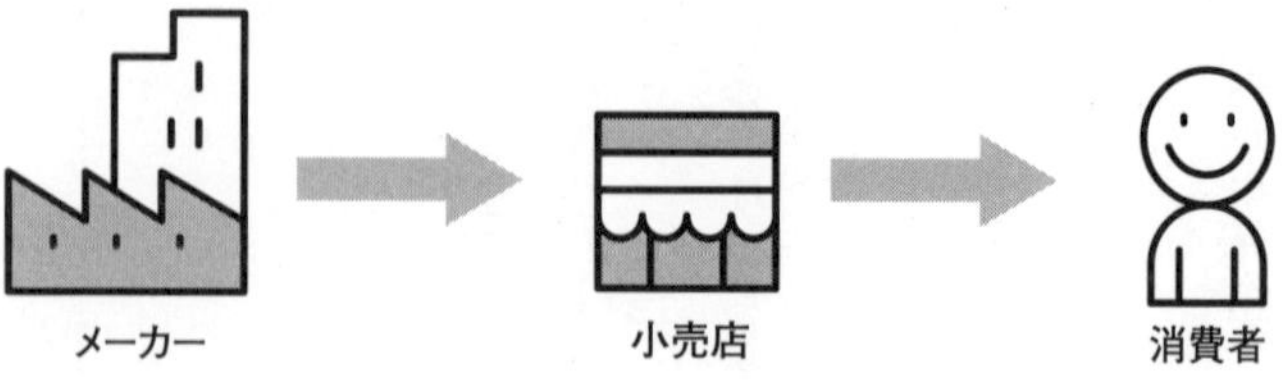
メーカー
小売店
消費者

ルールに照らし合わせて確認する。

「物流を制する者は市場を制する」の言葉通り、物流はコストに関わる重要な要素だと前述したが、ここでもう少し物流について触れたい。

物流は、時間と距離の隔たりを埋めるための手段であるだけでなく、幅広い役割を担う。『よくわかるこれからの物流』（同文舘出版）によれば、**物流の役割とは、「輸送」「保管」「荷役」「包装」「流通加工」「情報」**の六つである。一連の工程を「物流」と呼び、このシステムに乗せて、必要な商品を、必要な分だけ、必要な時間に、必要な場所にどうやって運ぶか、もっとも効率的な方法で戦略的に実行することが「ロジスティクス」である。ロジスティクスの概念をさらに進化させたシステムを、SCM（Supply Chain Management）と言う。SCMは物流だけに特化したシステムではなく、メーカー・卸売・小売が一連のモノの流れを正確に管理することによって、在庫、時間、作業の効率を上げてトータルで最適化することであり、より抜本的に戦略を講じることができる。

PB開発においては、SCMの活用や、途中の配送工程を省略する、他の製品と一緒に運ぶ、などの工夫によってコストを下げることができる。物流網が整備されていない小売店の場合は「物流を丸ごとアウトソーシングする」方法も考えられるが、コストやオペレーションの面で本当によい選択かどうかを見極める必要がある。

26 納品完了、店頭へ

——納品と在庫管理

◉小売店倉庫・店に納品

メーカーや工場から出荷されたＰＢは、小売店の倉庫または店舗に納品される。この後、検品、荷受けの過程を経ていよいよ店頭に並ぶ。

商品を開発したバイヤーやマーチャンダイザーは、「こういうふうに販売したい」というイメージがあるので、その販売方法の指示を明確に店舗スタッフに伝えることが重要である。伝える際には、どの什器で、どのように、いくつ陳列し、ＰＯＰなどの販促物はどうするのか、具体的に表現する。言うまでもなく、倉庫や店舗バックヤードで適切な保管状態を保ち、在庫管理・期限管理が完璧になされることが前提となる。

販売計画の立案については後の章で詳述するため、ここでは、物流の一環として在庫管理と倉庫運営について触れておく。

◉倉庫における在庫管理

ＰＢ開発の中で小売店がもっとも注意を払い、かつ、お客様の要望が高いのは安心・安全である。

安心・安全を実現するためには、原材料の確実性と生産の過程が重要だが、製品化されるまでの工程と同じくらい大切なのは、そこからお客様の手に渡るまでの管理体制である。特にＰＢは販売予定数量をまとめて生産するため、在庫商品が古くならないよう留意しなければならない。

倉庫での在庫管理は、保管場所すべてに番号を振って保管物の内容と場所を把握する「ロケーション管理」が一般的である。商品の置き場所に住所をつけるイメージで、住所と同時に入庫日・型式番号・品名・数量・消費期限などの情報をコンピュータで管理する。

店舗バックヤードでの保管は、倉庫運営よりも店舗スタッフの手作業で行われる傾向が強いものの、原理は同じである。カテゴリー別に商品を仕分けし、置き場所を決めて、商品種別や在庫量がひと目で見分けられるような仕組みをつくれば対応できる。

現場で徹底しておきたいルールの一つに、「先入れ先出し」がある。消費期限付きの商品は当然のことながら、日用品など特に期限のないものであっても長く置いておけばパッケージは劣化する。

販売チャネルが多様化・複雑化したことによって、在庫管理の重要性は増す一方である。小売店倉庫から店舗へ輸送して販売する場合、倉庫から通販で購入した顧客の自宅へ配送

コンピュータを使って効率化された入出庫・保管作業

**入庫のつど、保管場所の番地・品名・数量・入庫日の
4つの要素を一体的に管理するシステム**

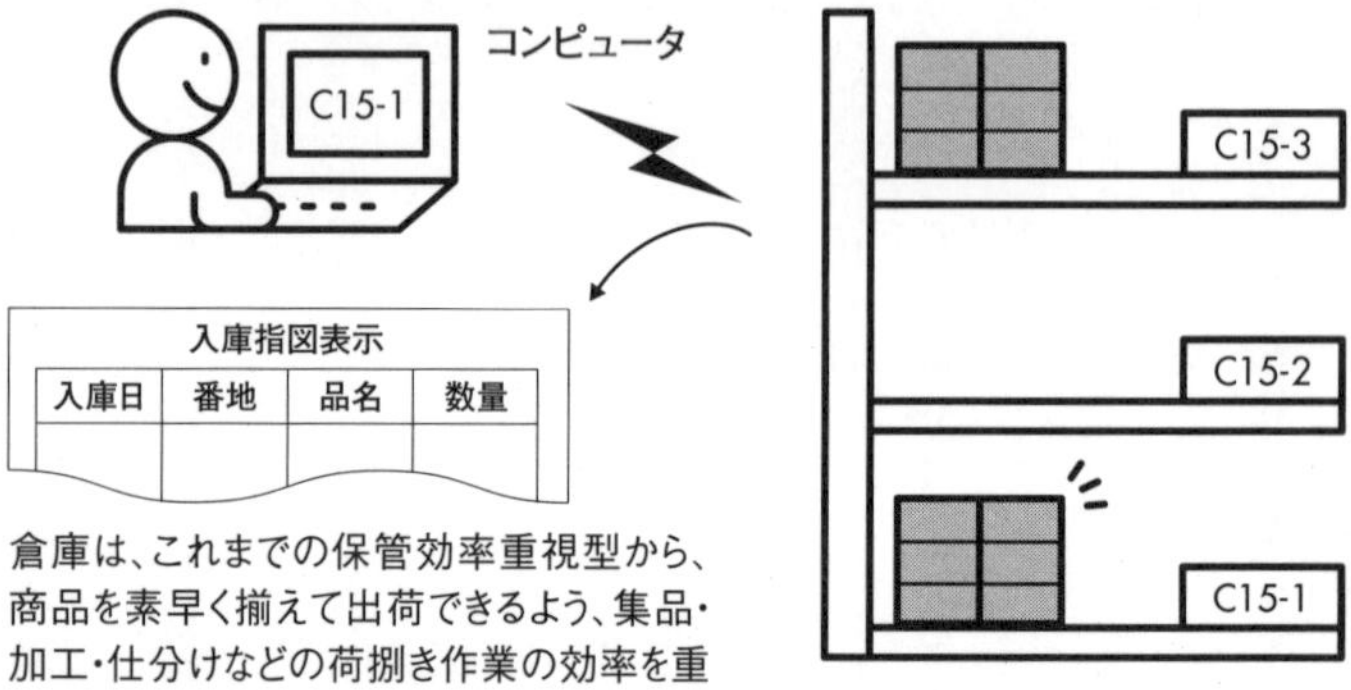

倉庫は、これまでの保管効率重視型から、商品を素早く揃えて出荷できるよう、集品・加工・仕分けなどの荷捌き作業の効率を重視する"流通型"に変わってきている

する場合、スーパーでは店頭在庫から通販顧客へ配送する場合など、さまざまな状況に対して全体で共有できる管理体制が必要となっている。

最近は、売場視点で、物流関連業務であるバックヤード管理の効率化「店頭ロジスティクス」が注目されている。ＰＢに限らず、物流ノウハウの重要度が高まっている。

27 中小小売店がPBをつくる方法

——大手と差別化した商品を賢くつくる

◉小ロットでつくる方法

中小小売店がPBをつくる方法を解説する。中小小売店がPBをつくる際に最も難関なのが生産ロットである。工場のラインを一回転するだけで数百から数万もの数が生産されてしまうため、店舗数が少ない場合、容易に売り切ることはできない。

しかし、生産ロットの問題をクリアして、顧客と自店に合ったオリジナリティ溢れる商品をつくることができれば、それが店の看板商品となる。

ここでは数十~数百程度の小ロットでつくる方法をいくつかご紹介する。

①OEM専門、ノベルティ専門の企業に依頼する

OEMは〝Original Equipment Manufacturing〟の略で、「相手先ブランド製造」と訳される。メーカーや小売店が自社製品の生産を一般的な工場に委託することである。OEM業務を専門に手がける企業は非常に多い。景品やおまけなどのノベルティ製作を専門とする企業もかなりある。インターネットで検索すれば複数の企業がヒットするし、

東京ビックサイトで開催されるインターナショナル・プレミアム・インセンティブショーに行けば、その場で商談することもできる。

②小規模な工場と直接提携する

小規模な工場と直接提携し、小売側の意見と工場側のノウハウをぶつけ合って、モノづくりをする方法である。中小小売店がそういう工場を探し出すことは、現実的には容易ではないが、うまくいけば良好な関係を築けるであろう。

③他社で使っている資材を利用してつくる

他社で使っている資材を利用してPBをつくる方法は、広く使われている。たとえばPBの醤油がある。中身の醤油そのものの原材料や製法には小売店のこだわりが込められているが、外側の容器はメーカーで使っているNBと同じものを使っている場合もそれに当たる。その場合、容器は同じものであるが巻いてあるラベルにはPBのブランド名が入っている。もし容器も独自の形状でつくるとすれば、金型をつくり、生産工程も別途設けなければならないためコストがかかるのと、生産ロットが多くなる可能性が大きい。

④他社と共同でつくる、他社の商品を取り入れる

必ずしも自店だけのオリジナルに限らないのであれば、卸売業がつくるPBやCGCなどの共同仕入機構の商品を取り入れるという道もある。

価格やロットの面で厳しい現実と、流通業界再編が進む状況に置いて、いくつかの小売店が協業して商品開発を行う動きは各業種で広まりつつある。

◉開発商品の考え方

中小小売店が考え出すPBは大手チェーンとの差別化を図り、独自の特徴を出したオリジナリティ溢れる商品がよい。とはいえ、まったく新しいコンセプトで新しい市場を開拓するモノ、新しい提案商品をつくるのはあまりにもリスクが高い。

大手チェーンのPBに引けを取らない同等レベルの商品で、わずかにデザインに特徴を出す、わずかに価格が安いなど、「わずかでも付加価値をつけられないか」という発想、つまり、どこか一ヵ所で勝算を見出せる工夫をすることが現実的である。

もし画期的なアイデアがひらめいて新しいモノを商品化する場合は、できるだけコンセプトや用途の近い商品について、顧客の反応や販売動向をチェックするなどの入念なシミュレーションを行う必要がある。

中小小売店において、**種類を多くつくりすぎず、一点突破の考え方で、絞り込んで厳選した商品に強いこだわりと思いを込めて開発し、それを徹底的に売る方法が向いている。**

開発した商品の販売方法であるが、実店舗だけでなくインターネットなどさまざまな媒体を活用してPRするなど、粘り強くコツコツ売り続け、長期的な視点で育てたいものである。

4章

PBの売り方

28 販売計画を立てる

――計画立案と共有化の重要性

◉販売計画の重要性

ビジネスの基本ＰＤＣＡ（プラン・ドゥ・チェック・アクション）サイクルで、最初に位置するのは「計画」である。販売計画が綿密なほど、その後の業務遂行はスムーズに運び、最終的な成果に大きな違いが生まれる。販売計画といっても、ＰＢに限定した計画ではない。売場はＰＢとＮＢとで構成されているのだから、売場全体としての販売計画を立てる。

小売店にいるとＮＢとＰＢの違いを強く意識するものだが、お客様にとってはＰＢかＮＢかは重要ではない。多くの商品がある中の選択肢の一つにすぎず、お客様はさほど気にしていないということを踏まえるべきである。

販売計画の作成は次の順序で進める。

①「6W3H」でコンセプトやテーマを決定

「ｗｈａｔ（何を）、ｗｈｅｎ（いつ）、ｗｈｅｒｅ（どこで）、ｗｈｏ（誰が）、

PBのPDCAサイクル

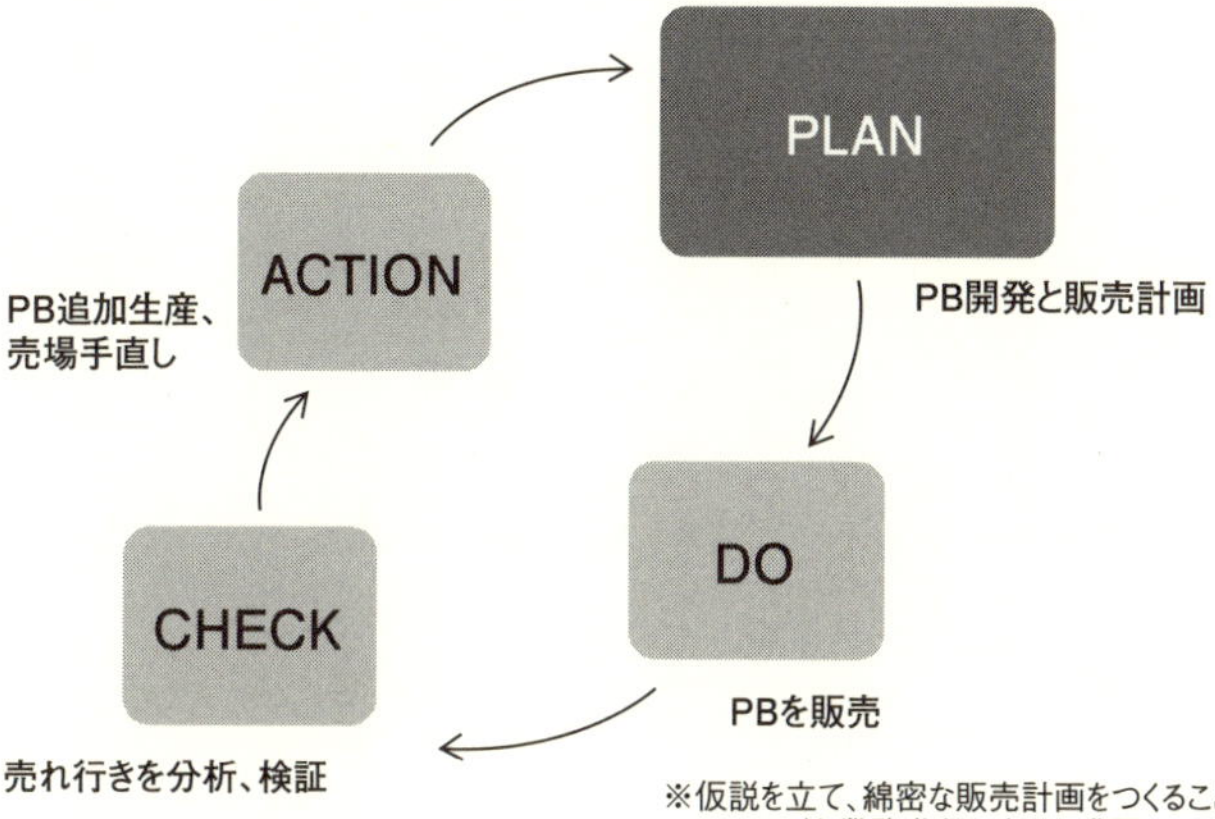

※仮説を立て、綿密な販売計画をつくることが、
スムーズな業務進行と大きな成果につながる

whom（誰に）、why（なぜ）、how（どうやって）、how much（いくらで）、how many（いくつ）」の視点から、コンセプトやテーマなどの主軸を決める。

②商品群ごとの方向性を定める

商品群ごとの方向性を定め、徐々に細かく具体的な内容に落とし込む。

エンドやゴールデンゾーンに陳列する、フェイスを多く取るなど、PBを強調した売場づくりによってPBの売上高構成比を高めるべきである。それには、全体の品揃えを考えると同時に、販売強化したいPBの展開方法も合わせて戦略を立てる。具体的な手法は、特売チラシやキャンペーン、クーポンなどの販促手段とうまく連動させることである。

継続的に効果の上がる販促を行うには、情報を共有しながら上手に周りを巻き込むことが不可欠である。

◉メーカーとの情報共有

情報共有が重要なのは、社内のみならず、小売業とメーカーとの間でも同様である。開発決定時点に算出した年間販売予測数だけでなく、定番棚でどのような陳列にするのか、通路什器やエンド什器でどのようなキャンペーンを仕掛けるのか、ネットでどのような企画にするのかなど詳細まで詰めて、販売情報もメーカーと共有することが望ましい。

メーカーが販売計画を把握していれば、計画に合わせて生産することができ、物流や在庫も計画的に運営することができる。反対に、メーカーが販売計画をまったく知らなければ、急に売れて在庫が減ることを予測できず、追加生産が遅れる可能性がある。結果、品切れを起こしたり、急な対応のせいで余分なコストがかかることもある。

情報は事前に知らせるだけでなく、特売やキャンペーンの最中にも、ＰＯＳデータをメーカーに公開し、商品動向の情報を共有するべきである。こういった情報共有は、ウォルマートとＰ＆Ｇなど、世界的に行われている取り組みである。

29 販売計画書と基本計数

——販売計画と客数と客単価

◉販売計画書

流通業各社では、それぞれ独自の様式で販売計画書をつくっている。ここではフォーマットの一例を提示する。

売場全体の売上予算や利益予算を商品カテゴリーごとに品群、品種と細分化し、最終的に単品まで落とし込んで販売計画をつくる。これを「トップダウン型」といい、逆に品種や品群の数字を積み上げる「ボトムアップ型」の計画立案方法もある。販売計画書は、数字を細分化した結果、「単品を記載した書類」となる。「売上」とは、「何を、いくつ売るか」という一つひとつの商品を集積してつくるものである。

次に提示する販売計画書は、仕入れ計画とPB生産計画を元に、販売予測数量や売上高や粗利益率をシミュレーションするための一つのフォーマットであり、在庫高や棚ごとの効率も別途シミュレーションすることをお勧めする。

◉客数と客単価

売上高は、客数と客単価を掛け算して算出される。売上高を増やしたい時には、客数と客単価という要素に分解して戦略を練る。

売上高＝客数×客単価

つまり売上高をアップさせるためには、客数か客単価のどちらかを上げればよい。客数を上げる方法は、商圏を広げて来店客数を増やすか、一人あたりの来店回数を増やすかのどちらかである。客単価を上げる方法は、一点あたりの単価を上げるか、買上げ点数を増やすかのいずれかである。

ＰＢを売上アップの武器にするためには、信頼感やお得感をアピールして

合計				
計画数量	原価合計	売価合計	粗利益額	粗利益率(%)
50	¥30,000	¥50,000	¥20,000	40.0%
100	¥55,000	¥90,000	¥35,000	38.9%
150	¥60,000	¥105,000	¥45,000	42.9%
30	¥21,000	¥36,000	¥15,000	41.7%
30	¥18,000	¥30,000	¥12,000	40.0%

数量合計	原価金額合計	売価金額合計	粗利益額合計	合計粗利益率
360	¥184,000	¥311,000	¥127,000	40.8%

ブランド力をつける必要がある。多くのお客様がわざわざ買いに来てくれるような魅力を持つＰＢをつくる、あるいは、まとめ買い、ついで買いをしたくなるような訴求力の高い売り方で客単価を上げる。訴求力の高い売り方とは、入口付近やテーブル什器、通路の島什器、エンド什器など、販売力のある場所で展開する、サンプルを配布する、売場でイベントを仕掛ける、関連商品をクロスＭＤで陳列する、などが考えられる。ＰＢがお客様の支持を得て集客のマグネットとなるように展開することが望ましい。

販売計画書

仕入れ先	単品				
	商品名	型式番号	色	原価	売価
A社	瀬戸焼小鉢	FU-KA-1	白	¥600	¥1,000
B社	美濃焼皿	JI-O-1	白	¥550	¥900
B社	美濃焼小皿	JI-O-2	白	¥400	¥700
C社	有田焼茶碗大	NO-RII-2	青	¥700	¥1,200
C社	有田焼茶碗小	NO-RIR-2	赤	¥600	¥1,000

30 社内の支持を得る

――巻き込み力と検証で商品を育てる

◉巻き込み力

ＰＢの開発は商品部が中心となって進めるものの、企画の段階からマーケティング部門や販売部門、経営幹部まで、社内の関係各部を巻き込んでいくことが重要であることはすでに述べた。商品開発の段階のみならず、発売時も、販売開始後にロングセラー化する時にも、周囲を巻き込む力は求められる。商品開発の過程はあくまでも準備段階であり、発売の瞬間が本当のスタートである。ＰＢのことを積極的に伝え、社内で愛されるように育てていきたい。

バイヤーならば経験があると思うが、せっかくすばらしい商品を仕入れても、そのよさがお客様にきちんと伝わらなければなかなか売れない。

お客様にまで商品情報を行き渡らせるためには、店舗スタッフやインターネットのコンテンツ作成担当者など、お客様に直接販売を行う立場の者が商品情報を熟知しておかなければならない。

トップバリュなるほど読本

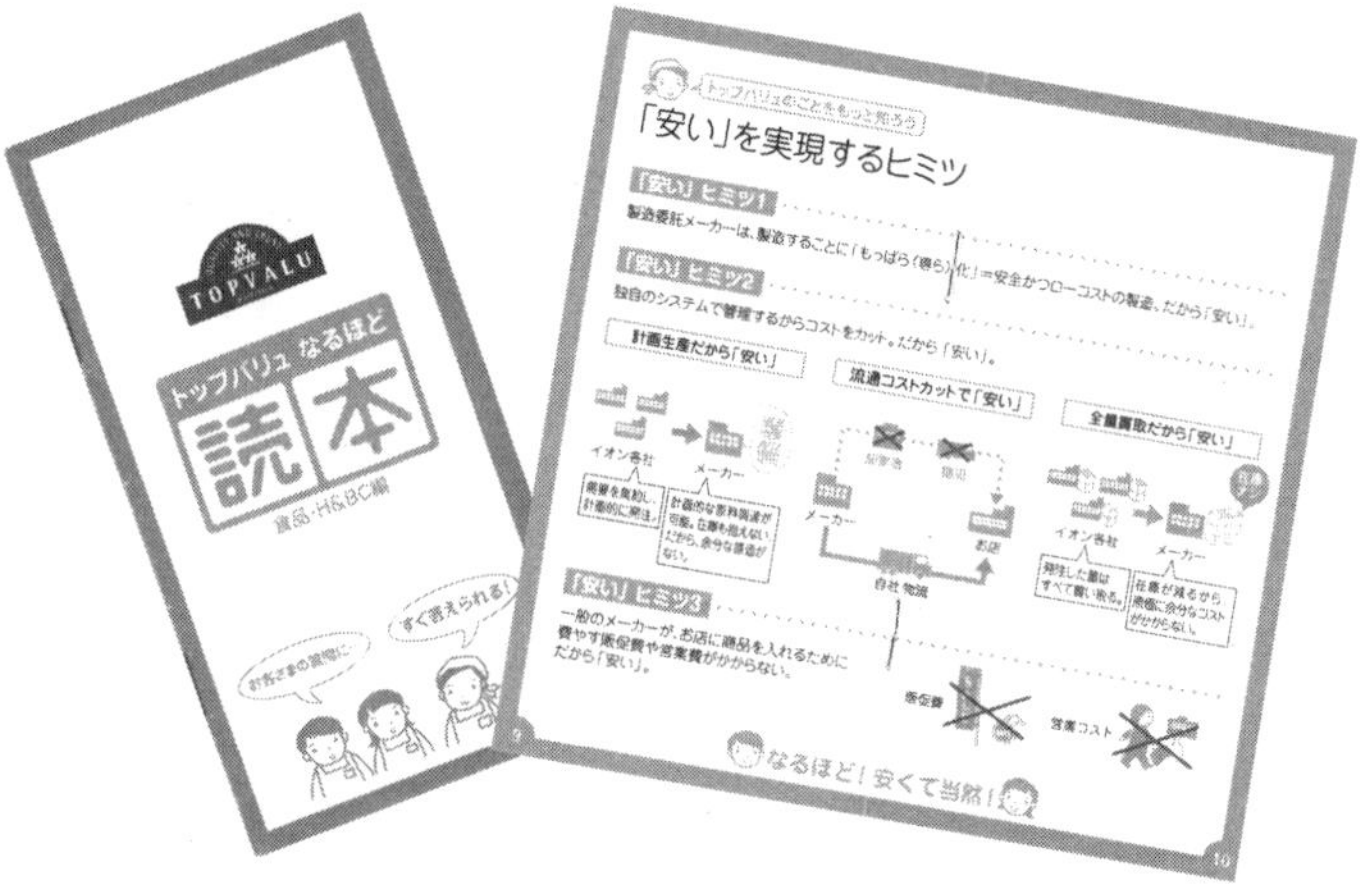

◉従業員教育

小売業各社は、社内教育にかなり力を入れている。

イオンでは、ポケットサイズの「トップバリュなるほど読本」を作成し、従業員に配布している。読本には売上高やアイテム数、開発の経緯、安く商品供給できる理由などが記されており、店舗スタッフ自身がトップバリュへの理解を深めることに役立つほか、お客様に質問された時に開いて対応できるようになっている。CGCでも同様に、ポケットサイズのマニュアルを加盟店に配布し活用している。

マツモトキヨシも社員教育には力を入れており、接客の必要な高価格帯の化粧品については、発売の半年前から勉強会を始めている。

発売後にも販売コンクールを行うなど、従業員が積極的に売る仕組みづくりを強化している。

「従業員が自社商品を知り、気に入って自店で買うようでないといけない」と考え、従業員向けに試食会を開催する企業もある。

お客様はじめ社外にＰＲしたいならば、まずは**社内の人間から理解され支持されることが重要**である。一度勉強会を開いただけでは、支持されるまでには至らない。継続的に勉強会を開く、ＰＯＰやセールストークの表現を工夫する、ネットとの連動を工夫するなどして、粘り強く、根気強く、伝えることが重要である。

31 PB販売の基本
——売場づくりの基本とPBの売り方

◉売場づくりの基本

「お店は楽しい場所でなければならない」と常々思う。

お客様にとって、買い物がわずらわしいこと・面倒なことであってはならず、たとえわずらわしい気持ちで来店した場合でも、お店を出る時には「よい買い物をした」「楽しかった」と思われるようにするべきである。陳列方法はあくまでもテクニックであり、根底にはこうしたホスピタリティがなければならない。

ホスピタリティを具現化するための陳列の基本は次の通りである。

①安全であること
②見やすく選びやすいこと
③手に取りやすく戻しやすいこと
④雰囲気がよいこと
⑤メッセージ、意志、情報、説得力があること

⑥効率がよいこと

売れ筋商品とお店のイチオシ商品を、フェイスを多く取って、ゴールデンゾーンに陳列すれば、お客様は手に取りやすく、従業員の作業効率もよい。入口や通路の島什器、エンド什器などの「売れる場所」を活用して、お客様が期待する商品や、季節商材、店が売りたい商品を陳列すること、など店舗勤務経験のある人なら誰でも知っている基本に戻り、自店を再度確認してほしい。

◉PBの売り方

PBは「店の顔」であり「代表商品」であるから、売場でうまく表現することが重要である。とはいえ、商品群のくくりを無視してPBだけを一ヵ所に集めるような販売方法だと、お客様にとって選びにくく不親切である。

ほとんどの小売店は、商品カテゴリーごとに売場を区分し、その中でNBとPBとを価格や機能で整理して一緒に陳列している。NBとPBをミックスした陳列では、価格訴求型PBを最も低価格の場所に置くことが多い。それだけではなく、POPや商品ラベルに、PBブランドが「安いだけではなく品質のよさを保障し、こだわりをもって開発した商品である」ことを記載し、商品のよさを継続的にアピールする必要がある。

PBの販売量を増やす手段として有効なのは、複数箇所で販売することだ。カテゴリー

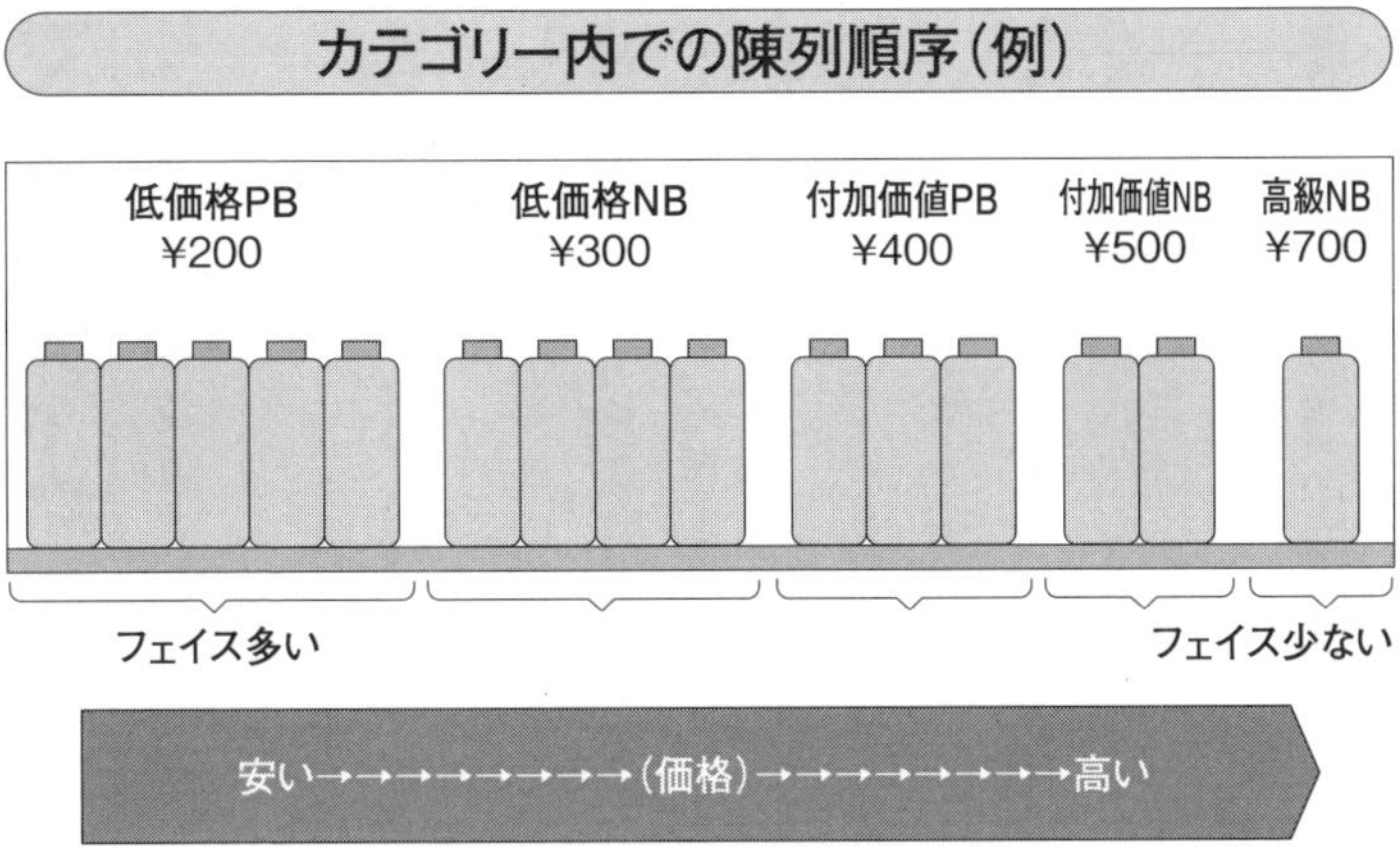

ごとの定番棚に並べるほか、関連商品の隣、エンド什器、通路の島什器にも陳列すると、販売数は確実に伸びる。さらに販売の効率化も図ることができる。

32 マルチチャネルで売る

――マルチチャネルと企画力

◉マルチチャネルの販売

かつて4大広告といえばテレビ・ラジオ・新聞・雑誌だったが、現在はメディアが発達し販売手法も複雑化している。リアル店舗とネット通販を併用する、交通広告と連動させる、テレビや雑誌との連動企画を仕掛ける、小冊子をつくって配布するなど、実にさまざまなメディアを使うことができる。メディアを上手に組み合わせて客数を増やし、販売に結びつけていくことは、今後ますます重要な課題となる。

特にインターネットの活用は必須である。ホームページに商品の成分や産地を詳しく掲載する、バイヤーがブログで商品を紹介する、メールマガジンでお得な情報を配信するなど、販促には欠かせないツールとなった。当然、ネットでPBをPRすることもできる。

◉PBの訴求方法と企画連動

ＰＢは特に、品質の確実性と安心・安全をお客様に伝えることが重要である。流通各社のホームページには、ＰＢの原材料や産地、アレルギー物質を表記する、開発秘話やこだわりを説明するなど、さまざまな工夫が見られる。

ライフスタイルの変化に伴い、ネット通販やネットスーパーの成長が著しい。セブン＆アイ・ホールディングスは、約15万点の品揃えから選ぶことができ、最寄りのセブン−イレブンで受け取ることができるサービスネット通販を実施している。同社は他にも、各店舗が商圏エリア内のお客様からインターネットで注文を受け、店舗在庫から商品を発送するネットスーパーを展開している。サービスレベルは高く、注文から最短3時間で配達している。

もちろん、ＰＢもＮＢと一緒にこれらのサービスを利用して購入することができる。ポイントカードやクーポンと連動して、ＰＢを買ったお客様に得点がつくよう設定して、そちらに誘導する方法もある。これらは商品部だけで実施できる企画ではないので、他部署と連携して積極的に仕掛けるべきである。

店頭でのイベントも効果がある。サンプルを配布する、おまけをつける、試食会を開く、キャンペーンを開催するなど、来店客に直接はたらきかけると、買上げ率は高まる。買上げ率が向上するだけでなく、商品のファンになってもらえる機会でもあるため、効果的に

マルチチャネルでのPR

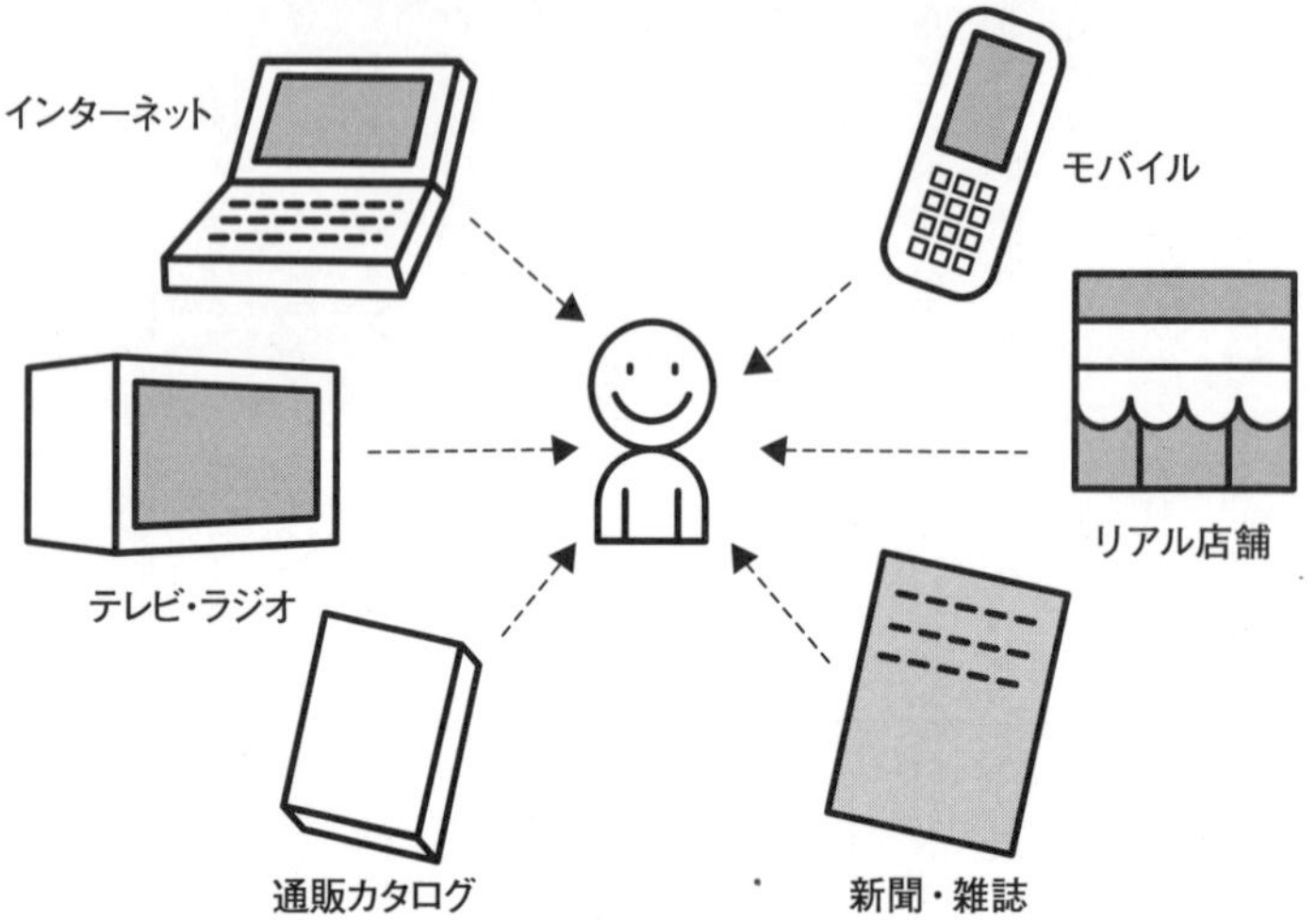

※いろいろなメディアから同じ情報が入ってくると、興味がわく

活用することが望ましい。

マルチチャネルを駆使した販売方法は、組み合わせ方や打ち出し方を工夫することでさらに進化させることができる。

33 リアル店舗で売る

——リアル店舗の特徴と売り方のコツ

◉リアル店舗の特徴

リアル店舗の最大のメリットは、商品を手に取って、その場で入手できることである。カタログ通販やネットショッピングでも、商品の詳細を見ることはできる。しかし、実物を見て触って五感で確認できること、その場ですぐ手に入ることにおいては、他の販売チャネルはかなわない。リアル店舗と通販を展開する小売店では、普段は通販を利用するお客様が、緊急に必要になったものを店舗に買いに行くケースが多く見受けられる。通販は一定額以下の買上げだと送料がかかってしまうが、リアル店舗なら自分がその場に行く分、欲しいものだけを気兼ねなく単品買いできる。

ＰＢの販売においても、このような顧客の購買行動を考慮する必要がある。革製品、寝具、タオルなど素材感や品質を自分の目で確かめてみたい商品や、実物をまだ見たことのない新商品などは、リアル店舗の販売に向いている。該当するＰＢは店内の目立つ場所で積極的に展開すべきである。

◉リアル店舗販売のコツ

店頭でどのようにPBを販売すべきか。PBは小売店ができるだけ多く売りたい商品であるから、最大限の工夫をして拡販につなげたい。

商品カテゴリーごとにNBとPBを混合して陳列する場合でも、**PBは思い切って在庫を多く持ってフェイスを拡大**し、できるだけ優位置に陳列することが基本である。目につきやすく触れやすい高さとされるゴールデンゾーンで、一段の棚に同じ商品が並んでいたら、顧客は「売れ筋のよい商品なのかな」「お店のイチオシ商品のようだ」という印象を受け、買上げ率は一気に高まる（その他の売り場演出の手法は図を参照）。

丁寧にPOPをつけたり接客をしたりすることも欠かせない。食品スーパーなどじっくり接客をして販売するような業態でなくとも、店舗スタッフが一定の商品知識を持つための教育は必要である。多くの小売店でスタッフへの教育の重要性を認識しており、勉強会や試食会を開いたり、代表的な商品や概要を小冊子にまとめて配布したりするなど工夫が見られる。

リアル店舗は売場の手直しや商品の補充などが必要で、通販などと比べると手間のかかる販売チャネルである。継続的にそれを行いマネジメントしていく実行力こそが最も大切な要素と言える。

売場演出の手法

目的	手法
ついで買いを促す	商品カテゴリーを超えたクロスMDで、メイン商材と共に補助商品のついで買いを想起させる陳列、レジ回りに配置する日用品など
買い忘れを防止する	生活必需品や保存のきくものなど買い置き商品について、ゆるやかな価格訴求を仕掛けたり、POPを貼付
タイムサービスや鮮度強調で購買意欲アップ	タイムサービスでお得感を演出する、「できたて」や「旬」などの訴求をするなどして、購買意欲を高める
新商品・重点販売商品をアピール	エンド展開や通路の島陳列など、目立つ場所に圧迫陳列をすることにより、顧客にアピール
カラー展開でトータルコーディネートを促す	カラー展開は特に住生活業界で長く使われているが、売場が映えることと顧客の買いやすさがメリット
店の奥まで誘導する	顧客を店の奥まで誘導するためには、コーナーの演出を効果的に行うことと、副通路の幅を広く取ることがポイント
死角をなくす	主通路、副通路ともに広く取ること、通路にものを置かないこと、ゴンドラ什器を低くする、ゴンドラ最下列を前出し陳列にする、など

34

紙媒体で売る
——通販カタログ、チラシ、ダイレクトメール

◉通販カタログでの販売方法

紙媒体には、カタログや小冊子、ダイレクトメール（以下、ＤＭ）、折り込みチラシ、新聞広告、雑誌、フリーペーパーなどたくさんの販売ツールがある。ここではＰＢ販売に関わる、カタログとチラシ・ＤＭでの販売方法について考察する。

通販カタログとひと口にいっても、千趣会やニッセンなどの大手総合通販カタログ、オフィス用品のアスクルなど専門分野に特化したカタログ、三越や高島屋などの百貨店で発行するカタログ、雑誌型で有料のカタログハウス、航空各社やＪＲで発行する機内誌・車内誌など、さまざまな種類がある。ＰＢとは関連が薄いカタログもあるが、「オリジナル商品を紙媒体で売る」という意味ではいずれも参考になる。高島屋では通販専用のＰＢがあり、カタログで「アイトゥロア」を展開している。

お客様はカタログのページをパラパラとめくり、興味がわいたページで立ち止まり、商品を吟味する。購買行動のパターンはリアル店舗に似ている。したがって、製作費用

や配布費用はかかるものの、リアル店舗と近い楽しみとサービスを提供することができる。

カタログ通販業界では、顧客の分類方法が少々異なる。カタログ請求を行った顧客は「見込み客」、一回でも商品を購入してくれた顧客は「購入実績客」となり、購入実績客は頻度や金額に応じて「優良顧客」と「実動顧客」とに分類される。前回購入時からしばらく購入実績のないお客様を「休眠顧客」と呼ぶ。

カタログ通販でのPBの販売においては、限られた紙面の中でも、ちょうどリアル店舗でPOPをつけるようにできるだけ多くの情報を記載することや、カタログ全体のイメージに合う訴求を行うことがポイントとなる。顧客に対しても、PBは小売店の顔であるから、見込客や休眠顧客へのアプローチの際に、差別化商品としてPRすることもできる。

◉チラシ・DMでの販売方法

チラシは単体でなく、リアル店舗やネットなど他チャネルといかにうまく連動させるかを考えなければならない。

現在のようにインターネットが普及しても、チラシ配布による販促効果は大きい。イオンのトップバリュやセブン&アイのセブンプレミアム、カインズのPBは特売時にも価格を変えない「フェアプライス」を貫く。フェアプライスを貫く小売店もチラシにPBを掲載するが、普段と同じ価格である。

紙媒体での購買

通販カタログ

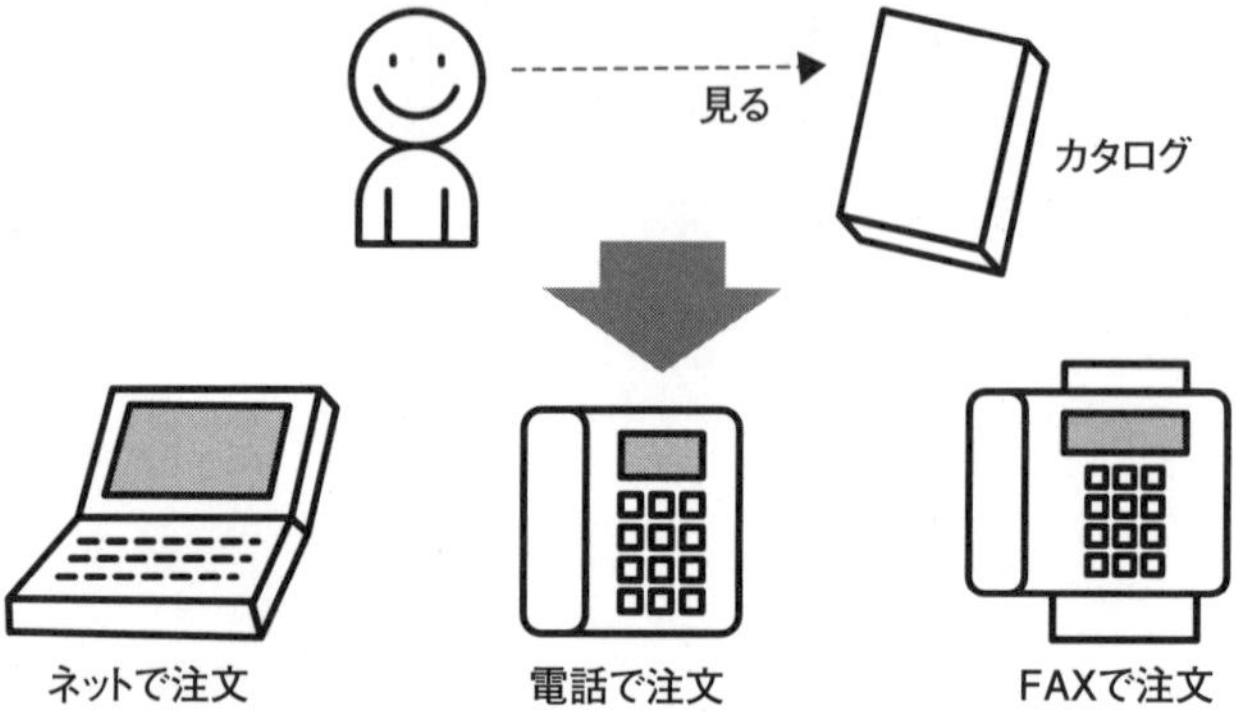

チラシ・DM

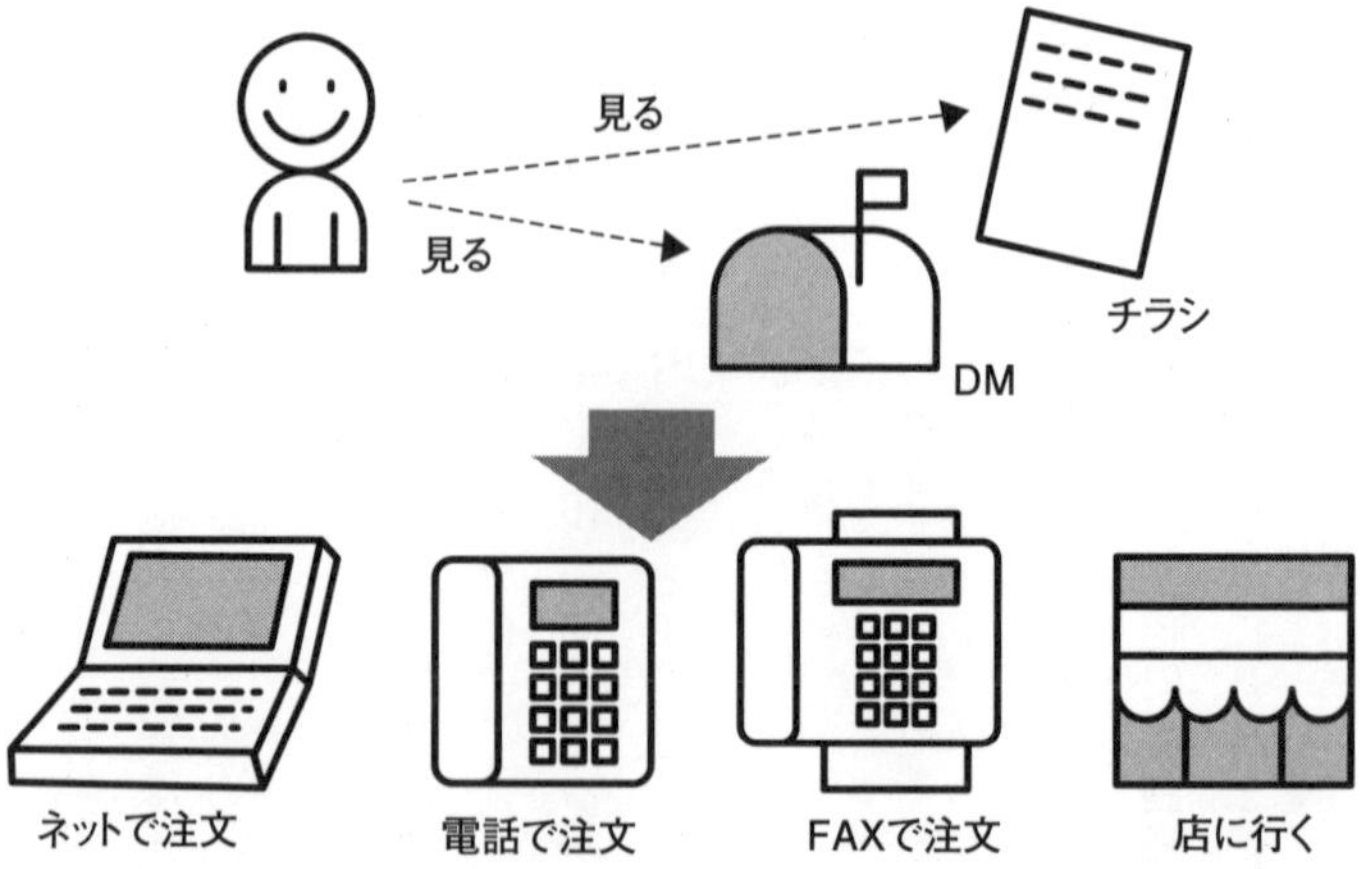

ＤＭは、優待会などリアル店舗への誘導や、絞り込んだ商品を取り扱う単品通販、サンプリングや無料体験の提案に適している。ＤＭにＰＢを載せ、お客様に来店を促す一助となるよう、効果的な連動方法を見極めたい。

紙媒体は、使い方次第で高い効果を発揮する可能性を秘めている。

35 ネット通販で売る
――ネットでの売り方と活用法

◉ネットでの売り方

リアル店舗で多く売れる商品が「素材感や品質を自分の目で確かめてみたい商品や、実物をまだ見たことのない新商品など」であると述べた。これに対して、インターネットでよく売れる商品の特徴は、「素材感や品質をよく知っている商品、すでに一度買ったことがあって再度買いたいリピート商品、または大きいモノや重いモノ、最寄り品」などである。「ネットでしか買えない商品」や「販売店まで行くことが難しい」場合もネットで数多く売れる。ＰＢの売れ方も同様で、同じ商品の1個売りと10個まとめ売りとの両方で販売している商品では、ネットでは10個売り商品のほうが多く売れる。

ネット販売には、ＰＣ向けの通販サイトやネットスーパーを利用する方法と、ケータイサイトを利用したモバイルサイトから買う方法とがある。ＰＣ、ネットスーパーでは日用品や食品、モバイルでは利用者の多い10～20代向けの商品を販売するなど、各社それぞれに適した商材を販売したり、プロモーションを仕掛けたりとさまざまに取り組んでいる。

ネットでの消費行動プロセスは、一般的な消費者購買心理過程変化モデル**AIDMA（アイドマ）**とは異なり、**AISAS（アイサス）**と呼ばれる（ＡＩＳＡＳは株式会社電通の登録商標）。

Attention（注意）の後にInterest（興味・関心）を持つまでは同様で、ネットの場合は次にSearch（検索）、Action（行動・購買）、Share（情報共有）という順序になる。

興味を持った商品について、買う前に価格や他の人の感想を調べる。買った後に商品について自分の感想や意見をウェブ上に残すという行動を取る。

ＰＢにおいても、ネットで検索すると一般消費者による感想や意見が書かれたブログが数多くヒットする。

◉PB販売におけるネットの活用

消費者は、リアル店舗と紙媒体とネットを、時間帯や利便性に応じて使い分けている。ＰＢの買い方もこれに準ずるが、ＰＢ商品自体が、比較的消耗品や最寄り品に多いため、ネットでの購買が今後さらに伸びることが考えられる。

インターネットは、買い物をする場所であるだけでなく、リアル店舗での販売を促進するための補助的役割を果たす。たとえば、開発商品へのこだわりや裏話、成分や産地、細

消費者購買心理過程変化モデル

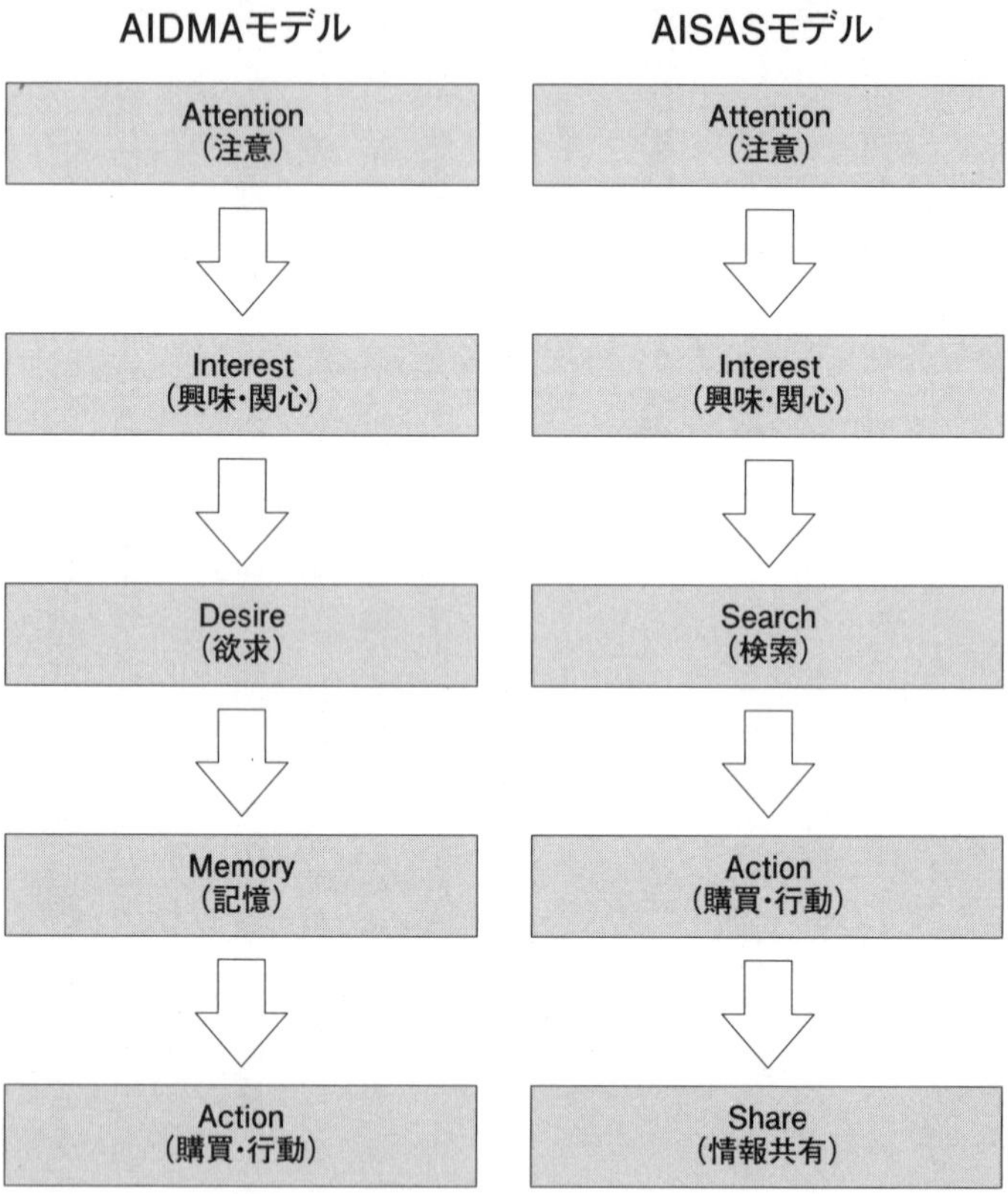

かな機能を知りたい場合に、ホームページにアクセスして調べることができるようバックアップ体制を敷くことができる。または、リアル店舗の販促企画やイベントに対して、クーポンサイトに表示されたクーポンを見せれば割引になるなど、上手にリアル店舗の販売促進と連動させて、売上に結び付けることを考えるべきである。

ネットは、ホームページの問い合わせ欄への書き込みやアンケート実施によって、お客様の声が拾える点でも重要な役割を果たす。

36 販売実績の分析
――ABC分析とPBの検証

◉販売実績の分析

商品の販売が始まると、POS（Point of Sales）データで販売実績を確認できるようになる。POSデータを使って、商品が、いつ、いくつ売れたのかを確認し、分析する。PB商品の動向を見る際には、PB単品の販売数を確認するだけでなく、NB商品を含む売場全体の分析をする必要がある。PBには低価格商品が多いため、PBの販売数が増えることによって、売上高が落ちることもある。PB、NBを合わせた販売数と売上高をチェックして、PBの販売数増加によって売上高が落ちていた場合、まとめ買いを誘導するような仕掛けを考えることもできる。

売れ筋データ分析の一般的な方法に、ABC分析がある。ABC分析は、最初にPOSデータを売上高の多い順に並べ替えて構成比の累積を出す。それを上から70〜80％の主力商品をA区分、次の準主力商品80〜90％をB区分、残り90〜100％をC区分と分類する。A群は売れ筋商品、B群は準売れ筋商品で、これからAに昇格するモノとAから降格した

ABC分析

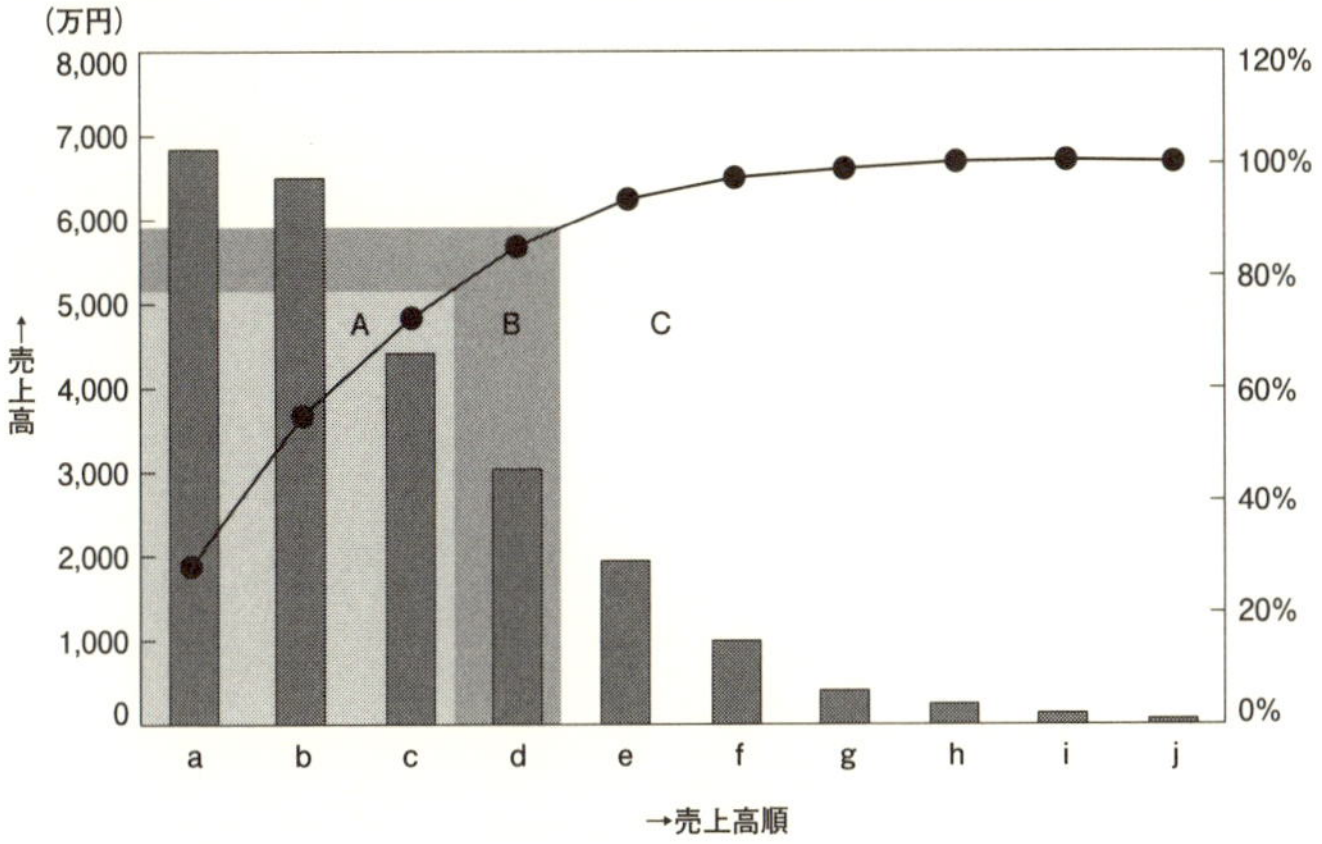

モノとが混在する。C群は死に筋として、品揃えに必要かどうかを検証し、不要なモノは処分する。これをグラフ化すると、図表のような線を描く。

データ分析をする理由は、商品が売れた時期と数量という事実から、売れた理由とこれからもっと売るための戦術を考えるためであり、同様に、売れなかった商品からもその理由を見抜いて対策を立てるためである。言い換えれば、**数字の裏に隠された真実を見つけ出すことが目的**である。

そのため、売上が伸びていても伸び悩んでいても、売場の状況はどうなっているか？ 陳列方法はどうか？ 接客販売の態勢は？ 天候は？ 地域性に合っているか？ など、数字以外の情報と併せて要因を抽出し、対策を講じる必要がある。

この考え方はリアル店舗だけでなく通販にも当てはまる。ＰＢでもＮＢでも、商品そのものの良し悪しや価格と同様に、外部環境が売上に及ぼす影響は大きい。

◉ＰＢの検証

販売実績を分析してＰＢ商品を検証する際、次の評価軸をもとに検証したい。

①開発テーマと企画に対する評価

開発コンセプトと企画内容は自店のお客様ニーズに合っているか

②商品に対する評価

お客様の満足する機能、性能、品質、デザイン、価格であるか

③販売に対する評価

お客様が買いやすい販売体制になっているか、店舗スタッフの販売体制はできているか

評価する際には、販売スタッフやお客様から生の声を聞くことができるとよい。お客様だけでなく、社内の他のバイヤーやマーケティング部門の社員の意見も、参考になることがある。検証と評価から得られた結果は、よい点も悪い点も、改善すると同時に、次のＰＢ開発に活用できる。

37 在庫と利益の分析
――商品回転率と交差比率

◉商品回転率の算出

ここでは流通業の経営面に関わる在庫と利益について考察する。

流通業が一事業体として真に目指すべきは、利益を上げることであり、売上はそのための手段である。

そもそも、小売店はなぜPB開発に力を入れるのか?

景気が悪くなり、市場が飽和状態になれば、売上の拡大が難しくなる。NBの価格競争が激化し、小売店は品揃えで他店との差別化を図ろうとする。結果、品揃えの幅を横に広げ、商品の種類が増えていく。最終的には収益性が悪化し、業界全体がどんどん薄利で争うようになる――その状況を打開するのがPBである。

PBは、低価格で販売できて、他店との差別化ができて、利益も取れるのだから、好調に売れさえすればすべての問題は解決する。

収益面の効率を知るためには、商品回転率を確認する。商品回転率とは、どれだけ効率よく利益を上げるかという指標で、売上高を平均在庫で割って算出する。

年間売上高が5億円で平均在庫高が3000万円の店では、商品回転率は16・7回転（平均在庫高は、毎月末の平均値で割り出す）。商品回転率に対してPBがどのような影響を与えているかを算出し検証する。PBは販売数も多いが、過剰な在庫を抱えざるをえない場合もあり、どのくらいの数値を目標とするか、PBに関して独自の基準値を決めておくとよい。

◉交差比率の算出

商品部が最も重視しなければならない数値は、**交差比率**である。交差比率は、商品回転率に粗利益率を掛け合わせて算出される。

商品回転率16・7回の売場で、粗利益率が30％とすると、交差比率は501となり（100を掛けて整数で表示）、粗利益率が20％なら交差比率は334となる。

交差比率は、売場でどのくらい在庫を回転させて粗利益をいくら稼いだか、を意味する。同一面積の二店舗で、売上と在庫が同じ場合、粗利益率が30％の店と20％しかない店とでは、利益を生む効率に大きな差がある。

同一面積の店で、従業員が同様に品出しや販売をし、売上は同額でも、最終的に得られる利益に雲泥の差があることを数値で見ると、売上でなく利益を生み出すことがきわめて

商品回転率と交差比率

◉商品回転率

商品回転率 ＝ 売上高 ÷ 平均在庫高

〈例〉　売上高5億円　平均在庫高3000万円
商品回転率 ＝ 500,000,000 ÷ 30,000,000
＝ 16.7

16.7回転

◉交差比率

交差比率 ＝ 商品回転率 × 粗利益率 × 100

〈例〉　商品回転率16.7（回転）　粗利益率30%
交差比率 ＝ 16.7 × 30% × 100
＝ 501

交差比率501

商品回転率16.7（回転）　粗利益率20%
交差比率 ＝ 16.7 × 20% × 100
＝ 334

交差比率334

重要だとわかる。

ＰＢが売れて順調に回転している場合、ＰＢ単体での売上高と粗利益高を見ると「優秀な商品」に感じられるが、在庫との関連を検証することを忘れてはならない。在庫効率は、イコール資金効率であることに留意すべきである。

38 販売方法の改善と追加生産
――売場の手直しと追加生産手配

◉売場の手直し

ＰＯＳデータ分析と利益・在庫の確認を行い、現場の状況と併せてしっかりと検証した後は、判明した問題点を早急に解決していく。

その際、仮説→検証→問題解決を地道に繰り返し、改善を重ねることにより、「お客様に支持される店を育て、**ＰＢブランドを育てていく**ことが目的」であることを、常に念頭に置かなければならない。製品の改善は、機能やデザインから始まる。その後、販売方法を改善することがお客様への浸透率や定着率を左右し、継続的に改善することによって、徐々にブランド力がついてくるのである。

販売チャネルごとの改善例は次の通りである。

リアル店舗には、いつ、いくつ売れたかという商品に関わるデータと、年代や性別などの属性に関わる顧客データがある。売場に行けば、実際にお客様がどのように買い回りしているかを直接見ることができる。もっともオープンで情報が取りやすく、対策が立てやすいチャネルであり、簡単なレイアウト変更やフェイス増減、陳列の修正程度であれば、すぐに実行できる。その際には、MDの五つの適正が参考になる。

五つの適正は**ファイブライト**とも呼ばれ、**「適正な商品」「適正な場所」「適正な時期」「適正な価格」「適正な数量」**の5項目を指す。PBは小売店が想いを込めてつくる商品であり、入念にチェックを行って改善につなげていきたい。

思い切ってフェイスを3から10に広げたところ、売上数が5倍に跳ね上がり、回転率が向上した例もある。

紙媒体においては、一度配布した印刷物を修正することはできないため、基本的に次のカタログ製作時、チラシ製作時に改善点を変更する。

ネット通販では、リアル店舗と同様、改善点をすぐに修正できることが特徴で、商品画像の大きさ、カット数、角度の変更、商品説明文やキャッチコピー、セールスレターの修正も比較的簡単である。アフィリエイト広告など他のチャネルとの連動方法についても、その効果を検証し改善する必要がある。

どの販売チャネルにおいても、店頭POP、ウェブサイトのキャッチコピーの一言一句に気を配る、フェイスをひとつ増やす、棚を一段下げるなど、細かなところまで手間と労力を惜しまず、地道に改善を続けなければならない。

ファイブライト（5つの適正）

適正な商品	・お客様にとって価値のある商品 ・専門性、ランク、品揃えの幅、の面でお客様の要望に応える
適正な場所	・立地 ・店内レイアウト、陳列
適正な時期	・お客様ニーズに合ったタイミング ・季節感、社会現象、イベントに合わせた商品展開
適正な価格	・価格以上の品質や価値を提供 ・お客様ニーズに合った価格
適正な数量	・お客様ニーズに合った数量 ・多すぎず少なすぎず

※ファイブライトを指標に、売場をチェックする

◉追加生産の手配

販売開始後、当初の計画よりも多く売れたのか、あるいは少ないのか、販売実績の推移を検証する。

ＮＢ商品は、在庫がわずかになった時点で追加発注を出せば、ほどなく納品されるのに対して、ＰＢは在庫が切れる時期を予測し、生産から納品までにかかる時間を逆算して、生産の指示を出さなければならない。

ＰＢ商品が欠品しないよう、注意が必要である。

39

ロングセラーとヒット商品

——プロダクト・ライフサイクルとロングセラー化

◉プロダクト・ライフサイクル

ＰＢの中には、季節品など発売直後に爆発的に売れるモノもある。しかし、ほとんどの商品は長く販売しながら育てていくべき性質を持つ定番アイテムである。たとえ長く販売する商品であっても、商品には「寿命」がある。発売から衰退するまでの流れが、「プロダクト・ライフサイクル」である。

プロダクト・ライフサイクルは、大きく四つの時期に分けて考えられ、時間と売上高を軸に取ったグラフでは、ゆるやかなS字型のカーブを描く。

商品の発売時期を「導入期」といい、それまでにかかった開発コストやマーケティングコストに対する売上が十分ではなく、利益を生み出しにくい状態である。市場への浸透と共に「成長期」に入り、他社製品との差別化に成功すると、「成熟期」へと到達する。成熟期に着実に販売してこそ利益は出る。「衰退期」に入ると、売上が急激に減少して、市場からの撤退か新しい価値の付加による延命を迫られる。

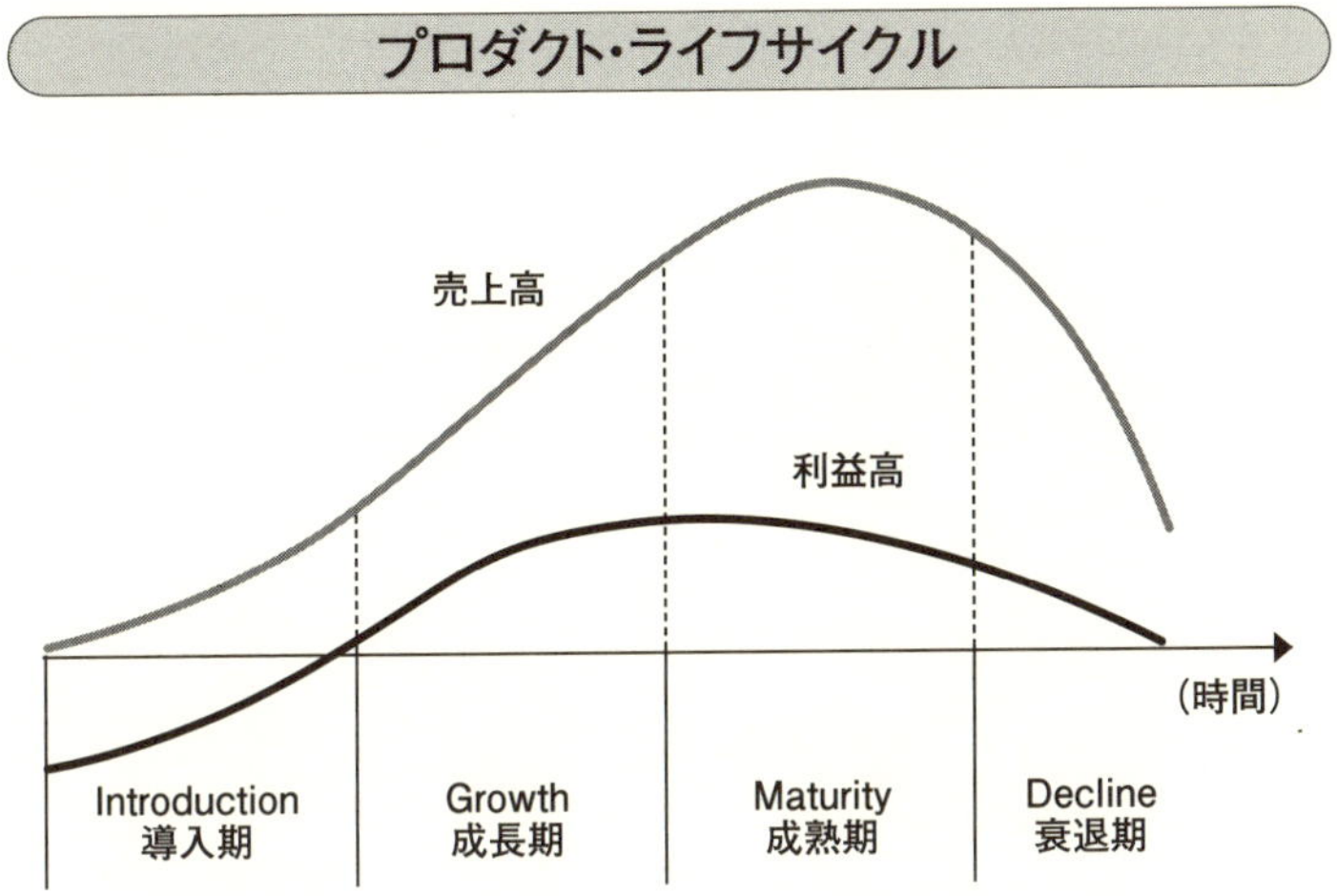

PBにもプロダクト・ライフサイクル理論は当てはまる。永遠の定番商品と思われるような商品であっても、改良や販売方法の工夫、情報の発信などを何もしなければ、衰退は免れない。

個々の商品がプロダクト・ライフサイクルのどの段階にあるのかを客観的に見極めながら、その**ステージに合った販売促進とマーケティング戦略を講じていく**必要がある。

◉長く売るために

商品をロングセラー化させるには、当然のことながら、お客様に受け入れられ、愛されなければならない。お客様の中でも、固定客と新規客との両方に気を配る必要がある。

新規客が固定客になるには、商品を認知して、購入して気に入ると、必ずリピート購入

顧客の変化

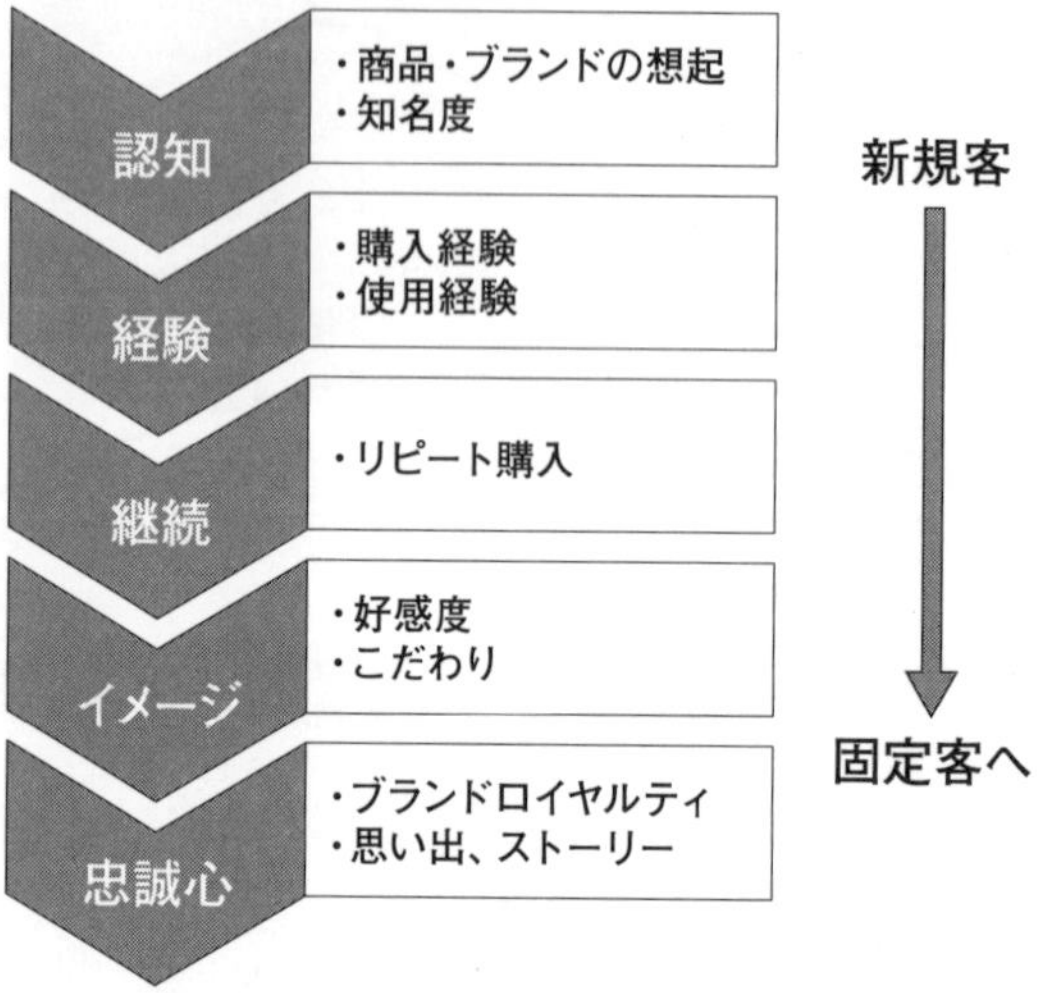

する忠誠心が芽生えるという流れがある。一連の流れを後押しするのがマーケティング戦略である。

長く売れた結果としてヒット商品に育つためには、商品力と継続力が不可欠である。品質や市場性が商品力であり、継続力は、毎日店頭の棚にPBを補充し販売方法を工夫して地道に販売してきたスタッフに支えられる。開発にかかる初期費用を回収した後は、利益を稼ぎ出す商品として貢献するから、ロングセラーはヒット商品とされるのである。

5章

PBのリニューアルと販売終了

40 PB改善の必要性
──改善の必要性と改善点の抽出

◉PB改善の必要性

開発に長い時間をかけ、高い完成度で発売した商品でも、「一度できてしまえばそれで終わり」ではない。販売しながらも**絶えず検証を重ね、出てきた改善箇所に対応**することが重要である。

セブン&アイ・ホールディングス会長の鈴木敏文氏は、商品開発について著書『商売の原点』（講談社・緒方知行編）で次のように述べている。

「変化に対応していくためには、つねにその品質を上げ続けていかなければならないのです。

そうした観点から見ると、私たちが扱っている商品は、残念ながらまだそれほど変わっているとはいえません。もっと積極的な改善案が続々と出てきて、商品の内容がどんどん変わっていかなければならないのです。

メーカーとタイアップして商品をつくるにしても、いままでのものと内容を変えようとしないメーカーは、排除していかなければなりません。」

時代に合わせて商品を進化させることと、向上心のあるメーカーと取り組むことの重要性を説いている。現にセブン&アイ・ホールディングスでは、日進月歩で商品の開発と改善を行っている。

イオンのトップバリュは、毎週50品目ほどのペースでリニューアル商品を発売している。新商品の発売とは別に、リニューアル商品だけで毎週50品目、である。

すでに述べたように、どの商品にもライフサイクルがあるため、長期間手を加えなければ、完成度の高い定番商品であっても、お客様から飽きられたり、ニーズとずれたりする。消費の最前線にいる小売業がつくるPBだからこそ、革新的でスピーディーな改善を実践していかなければならない。

◉改善点の抽出

商品発売後、流通企業には、さまざまな意見や情報が集まる。使いにくい箇所が見つかった、ターゲット顧客層のニーズにそぐわないことが明らかになった、自社の販売チャネルでは売りにくい部分が発覚したなどである。開発担当者は、お客様からの情報と従業員からの情報とメーカーに寄せられた情報をすべて受け止め、整理して、改善箇所を特定し、対処することになる。

さまざまな新製品開発手法

イノベーションのタイプ	内容	市場における効果
改変	製品・サービスのある特性を増減させる	・ターゲット拡大 ・特定セグメントのニーズを従来以上に満足させることができる
サイズ変更	分量、数量、頻度などを変更する	・ターゲット拡大 ・消費機会の拡大
パッケージング	容器やパッケージの変更	・ターゲット拡大 ・消費機会の拡大
デザイン変更	デザインを変更し、これまでとは異なるライフスタイルをアピールする	・ターゲット拡大 ・ライフスタイルによる差別化
付加物	素材やサービスを付加する	・特定のセグメント／ニッチのニーズを従来以上に満足させることができる ・製品レンジの拡大
負担軽減	購買プロセスにおける顧客の負担を軽減する	・潜在顧客の顕在顧客化 ・製品／サービスを最大限浸透させることができる

出典:フィリップ・コトラー著『コトラーのマーケティング思考法』(東洋経済新報社)

改善によって得られる市場での効果をマーケティングの視点からまとめたリストが、『コトラーのマーケティング思考法』に掲載されている。

改善箇所として考えられるのは、サイズ、パッケージ、デザインの変更や、サービス・機能の付加、価格などがある。

大がかりなものから手軽にできるものまでさまざまである。お客様が使用する上で支障が出ない小さな変更を「マイナーチェンジ」とし、変わったことをきちんと知らせなければならない成分・価格・機能などの変更を「リニューアル」と定義し、それぞれの変更について、以下詳しく検証する。

41

PBのマイナーチェンジ

――客の声を生かす

◉改善にお客様の声を生かす

新商品開発の際には、改善案よりも新しい発想や視点が求められるため、開発担当者は最初にコンセプトから考え始める。一方、PBを改善する場合、お客様や従業員から寄せられる情報を生かすことが有効である。インタビューやアンケートを通して集まる情報は「使ってみた後の感想」であるため、開発よりも改善に向いている。お客様の声を拾う具体的な手段については、図のようなグループインタビューやパーソナルインタビュー、観察などの方法が考えられる。

商品の改良には抜本的なものから微調整まである。ここでは、パッケージの色やデザインの修正といった「マイナーチェンジ」について考察する。

改善、改良する際に重要なのは情報である。実際に、取材したすべての流通企業で情報を重視しており、お客様の声を商品改良に反映した結果、販売数量が飛躍的に上がった事例もある。

PB改善点を聞き出す方法

方法	内容
グループインタビュー	・ターゲット顧客層の有力対象者5〜6人で行われる ・場の流れや集まった人の個性、組み合わせなどで話す内容が変わる可能性が高い
パーソナルインタビュー	・ターゲット顧客層の有力対象者に1対1で話を聞く ・展開や深さなど、引き出せる内容はインタビュアーの手腕による
観察（オブザーベーション）	・課題に関する生活行動を観察することから、さまざまな情報を引き出す

カインズでは、網状のネットに入った食器洗い用のスポンジについて、スポンジ部分とネット部分が接着しているほうが使いやすいのでは、というお客様からの要望があり、そのように改良したところ評判がよく、売上が伸びた。

マイナーチェンジのテクニカルな好例がローソンのアドティッシュである（アドティッシュの詳細は184ページ）。アドティッシュは広告主が入れ替わるたびに外箱のデザインが変更される。次の広告主にバトンタッチする期日が迫ると、新しい広告主の名前が入ったデザインでの生産に切り替えるのだが、旧デザインがすべて出荷された後に、新パッケージ商品にスムーズに切り替わって店舗へ導入される。これを実現するテクニックが、「わざとJANコードを変えない」という方法である。JANコードを変えないということは、パッケージが新しくなっても前のパッケージ品と同一商品の扱いとなり、二重在庫にならず、旧パッケージ商品がうっかり残るトラブルが避けられる。

◉PBのマイナーチェンジの手順

パッケージや包材を変更する場合、まずは在庫を確認する。容器やラベルなど包材の生産ロットは一般的に大きいため、包材だけがまだ残っている可能性もある。包材を廃棄するのにも費用が発生するため、最初に在庫と処分方法を確認しておくとよい。

マイナーチェンジであっても、新規開発時と同様に一度は試作品をつくってチェックすることをお勧めする。ラベルに誤植がないかなどを確認し、問題がなければ、生産と導入のスケジュールを決め、実行に移す。

お客様への説明を必要としない小さなマイナーチェンジであっても、販売担当者には伝える必要がある。リアル店舗であれば一時的に混在する新旧の商品をスムーズに「先入れ先出し」する必要があることと、万が一お客様から質問を受けた際に改善点を即答できるようにしておく必要があるからだ。通販においても同様で、一人のお客様が同じ商品を二つ以上購入した場合、パッケージが少しでも異なると不信感につながる。

現場で細やかに対応するには、些細なことでも**情報を周知徹底することが重要**である。

42 PBのリニューアル
――リニューアルの定義と手順

◉リニューアルの定義

マイナーチェンジに対して、改善箇所が成分、機能、効能、価格、商品そのもののデザインなどに及ぶ場合を「リニューアル」とする。リニューアルは「別の商品への切り替え」という扱いで、別のＪＡＮコードを付ける。

リニューアルの際にも、お客様の声をはじめ、それまでに集められたすべての情報を生かすことは重要である。加えて、別商品として生まれ変わらせるのだから、新商品開発時と同じくらい根本的部分の見直しも必要である。

開発担当者は、外からの情報を受け止めると共に、自身で市場調査をしたり、他社製品と比較して、自社ＰＢ製品の弱点を洗い出す作業を行いたい。洗い出し作業のチェックリストとして参考になるのが、バリューチェーンのフレームワークである。

バリューチェーンは、ハーバード・ビジネススクールのマイケル・Ｅ・ポーター教授が『競争優位の戦略』で提唱したフレームワークで、購買物流、マーケティング、販売、

バリューチェーンのフレームワーク

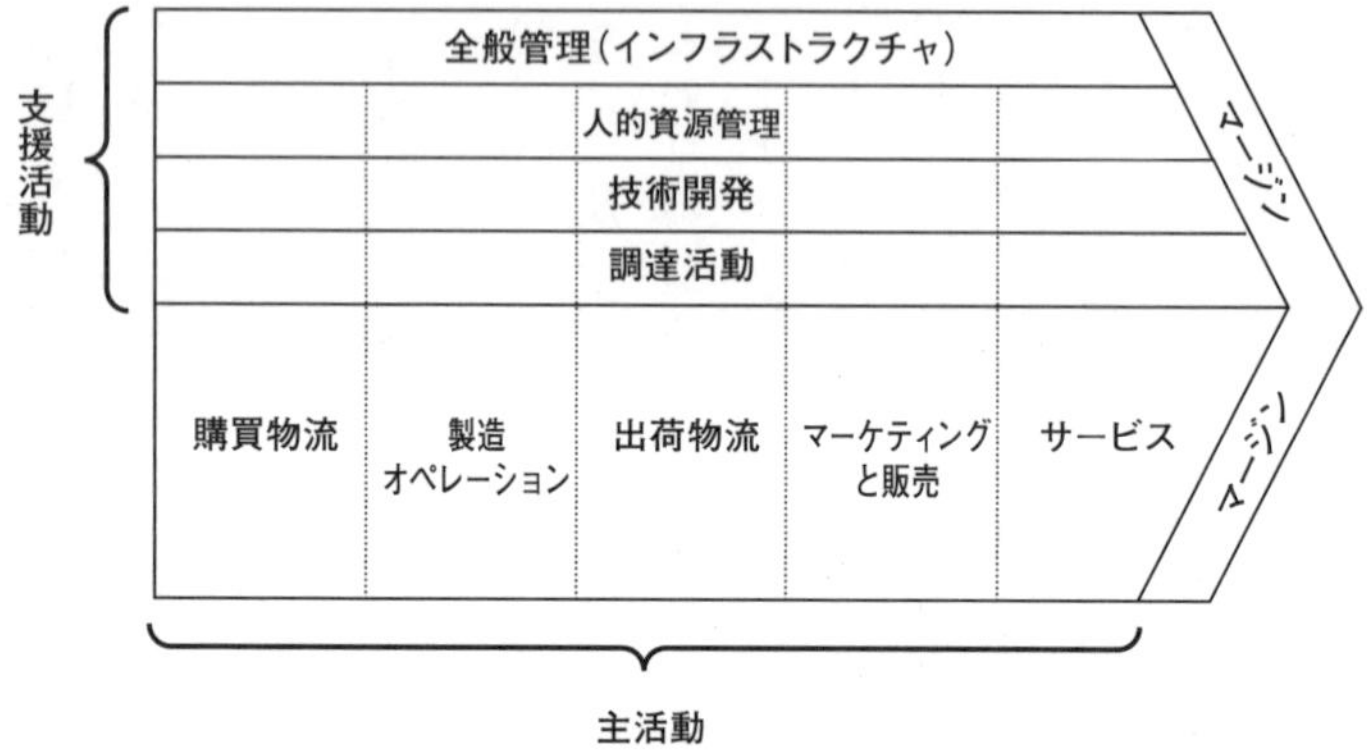

※自社内で上流から下流への活動を見直す

出典:M・E・ポーター著、土岐坤ほか訳『競争優位の戦略』ダイヤモンド社

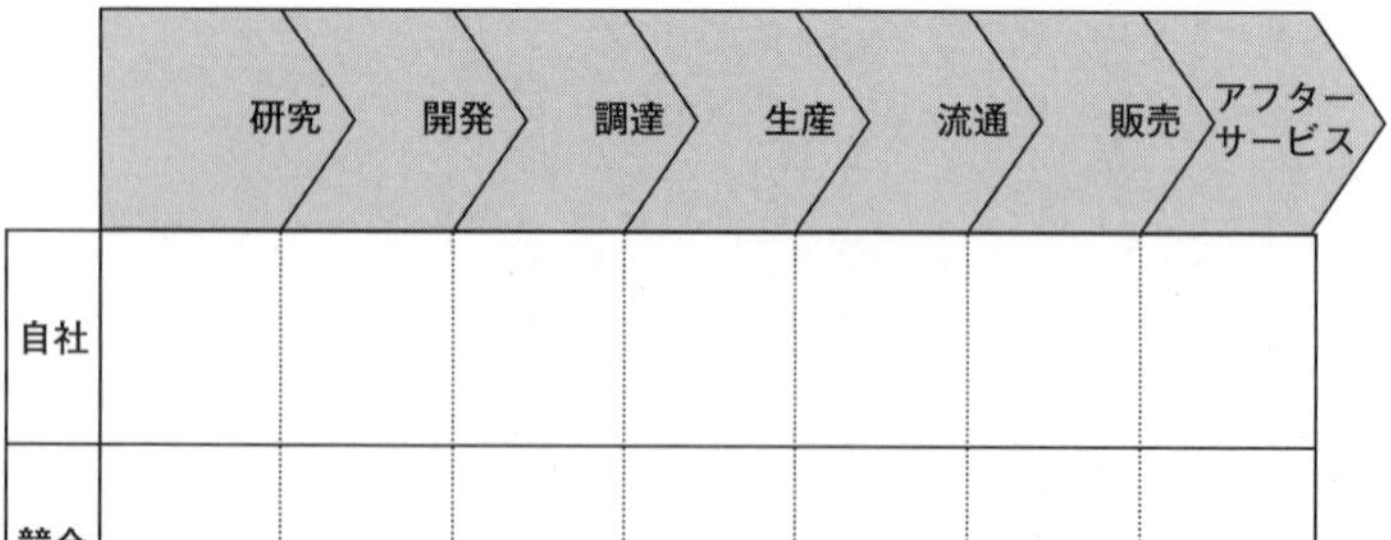

※競合他社と比較して自社の改善点を見つける

出典:勝間和代著『ビジネス頭を創る7つのフレームワーク力』ディスカヴァー・トゥエンティワン

サービスという企業の活動を、上流から下流への「価値活動」の連鎖（バリューチェーン）と捉え、そこで発生する価値とコストの差がマージンであるという理論である。

PB商品リニューアルのチェックリストとして適切なのが、勝間和代氏の『ビジネス頭を創る7つのフレームワーク力』掲載の図だ。研究、開発から販売、アフターサービスまでの過程において、**自社PBの優位性と弱点を客観視**し、どのように改良すべきかを確認することができる。

◉リニューアルの手順

マイナーチェンジと同様に、リニューアルでもパッケージや包材の在庫確認は必要である。パッケージと包材だけでなく、説明書などの同梱物、確保してある原料や部品など、変更に関わるすべての在庫を確認しなければならない。廃棄コストや転用にかかるコストを算出し、メーカーまたは工場と小売店との間で契約に基づいて費用の負担や手順、スケジュールを決める。新商品の開発と同じ過程で、最初のステップであるコンセプトとアイデアの段階から再構築し、パートナーの見直し、生産ロットや価格と利益シミュレーション、物流、品質、環境、デザインの確認、という流れで行う。

リニューアルは、旧商品の実績や反省を踏まえ、新しいチャレンジもできるという二つの側面から、ヒット商品が最も生まれやすいチャンスと言える。

43 販売終了のタイミング

——決定の基準と手順

◉販売終了決定の基準と過程

お客様に愛され、長い間会社の利益に貢献してきた商品であっても、プロダクト・ライフサイクルの衰退期にさしかかったら、販売終了を検討しなければならない。

自分で開発し、店頭や通販であの手この手で一生懸命販売してきた商品が市場から消えるのは残念なことだが、お客様のニーズとズレが生じた商品は、スパッと見切りをつけなければならない。「お客様の要望に応え、適正な商品を提供すること」が小売業の使命である。

販売終了を決定する判断基準は次の通りである。

①死に筋商品の基準を明確にして判断

死に筋商品と判断する際には、感覚によるのでなく、明確な基準を設けることが重要である。商品特性によって値は異なるが、たとえば「回転率が○回を切ったらカット候補商品とする」など、あらかじめ明確な数字を掲げておくとよい。

販売終了決定の基準

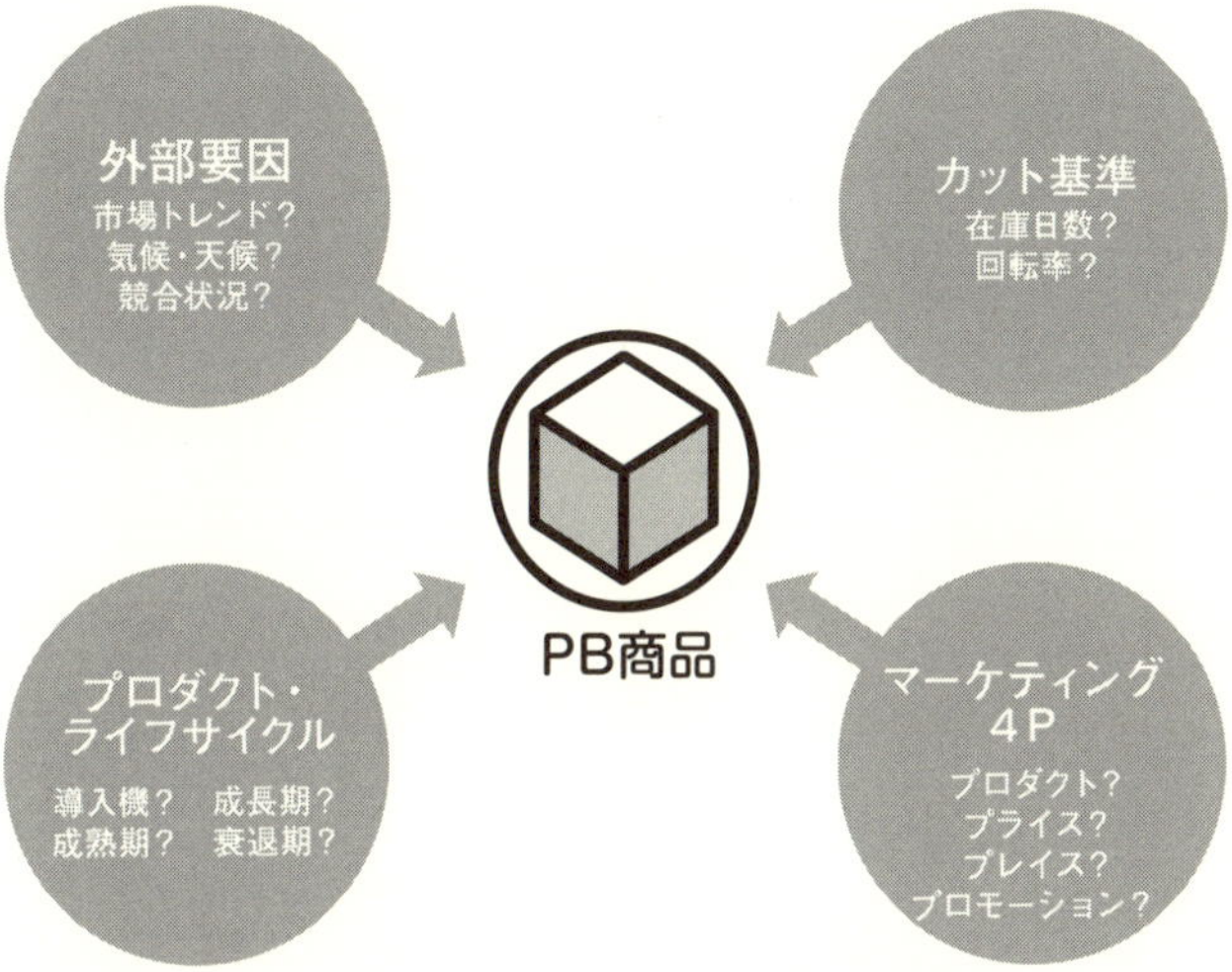

②マーケティング4Pの観点から判断

マーケティングの4Pである、価格（Price）、製品（Product）、販売チャネル（Place）、広告宣伝（Promotion）の四つの視点で検証することも有効である。製品が市場に合っていないのか、価格が合っていないのか、販売方法を改善する余地はないのか、広告や情報伝達を工夫して販売を継続する可能性はないのか、四つの視点からチェックする。

③品種や単品でのプロダクト・ライフサイクルの観点で判断

4Pを分析した上で、プロダクト・ライフサイクルの観点で検証した場合に、本当に衰退期だと判断できるのかどうかをチェックする。

④市場トレンドや気候、競合条件など外

部要因との兼ね合いで判断

トレンドや気候、競合条件などの外部要因によって販売不振に陥る商品もある。猛暑と予測してつくり込んだ商品が、実際は冷夏で思うように売れなかったとか、安くて訴求力のある競合店が近くにできたなど、状況を冷静に判断してどのように対応していくか見極めなければならない。

カット商品を判断するには、客観性をもってさまざまな角度から検証することが重要である。販売終了は小売店が一方的に決めることではなく、メーカーや提携工場の意向も汲みながら調整する。製品の在庫と包材の在庫を確認し、販売終了時期を決める。開発時と同様に、終了日から逆算して、スケジュールを立てることがポイントである。具体的な処理方法については、次項で解説する。

44 PBを売り切る方法
——最後まで大切に販売する

◉売り切りの方法

ＮＢではあらかじめ返品条件を設定して仕入れをしたり、交渉によってはメーカーから値引き分を保障してもらうこともあるが、ＰＢではすべての在庫について小売店が責任をもたなければならない。最後まで売り切るか廃棄するかのいずれかを選択する際に、「在庫はお金」であることを忘れてはならない。最終的には「いかに最少のロスで、早く、キレイになくすか」の手腕が問われる。

①価格を下げないで販売する

最初に行うべきなのは、販売力のある大型店に売り切り対象商品を移動して、一気に販売する方法である。特に、チラシ掲載時や特売でもＰＢの価格を変えない小売店では、1カ所に集めてボリュームを出す販売方法によって割安感を演出する方法で売り切るしかない。処分品でも粗末に扱わず**最後まで大切に販売する**心構えが大切である。

②価格を下げて販売する

①の方法で在庫が減らなければ、価格を下げることになる。アウトレット店があればそこに集約し、売価をアウトレット価格に下げて販売する。売価変更は、売上・利益・在庫をシミュレーションした上で決定する。

別の方法としては、思い切って店頭での販売をやめ、「ネットショップ限定のアウトレット価格」などの打ち出し方も考えられる。「最少のロスで、早く、キレイになくす」方法を講じる。

◉販売終了後のアフターフォロー

PBの販売が終了した後でも、家電など生活用品では、消費者が使い続ける限り、消耗品の交換や故障による修理の必要性が出てくる場合がある。使い方や商品について不明点が生じて、問い合わせをする場面もある。

小売店は、お客様からの問い合わせに対応し、消耗品の取り寄せや、メーカーへの修理依頼、商品そのものや使用法に関する確認を行う義務がある。

PBには、イオンのトップバリュのように、ラベルの問い合わせ窓口欄にイオンの連絡先を記載しているものと、セブン&アイ・ホールディングスのセブンプレミアムのようにメーカー連絡先を記しているものとがある。お客様は記載された連絡先か、小売店の店頭に問い合わせるため、いずれにしても、すぐに調べたり取り寄せ依頼に対応できる体制を整えておかなければならない。

ＰＢの改廃を行うことは必要だが、それによってお客様に迷惑をかけてはならないことを肝に銘じておきたい。

◉データの整理

ＰＢを売り切った後に、最後の仕事がある。検証結果をデータとして残す作業である。開発段階から販売データと推移、販売終了時までの一連の検証結果をまとめておくとよい。まとめた情報は小売店とメーカー、提携工場間で共有する。

流通業とは、生活者のライフスタイルや嗜好に合わせて常に変化するビジネスである。必ずしも過去の成功事例が再度成功するとは限らず、反対に過去の失敗事例が現在のトレンドでは成功することもある。このため、過去のデータを当てにしすぎると危険なのだが、開発担当者が交代した場合などに検証結果が残っていれば、参考資料として役に立つはずである。

数字の集計だけでなく、よかった点や反省点などのコメントも残しておきたい。

6章

業態別のPB開発と販売方法

45 イオンのPB
――PBの代表ブランド「トップバリュ」

◉トップバリュとは

「トップバリュ商品を通して実現したいことは二つ。一つは日本の物価を仕組みで下げること、もう一つは消費者代位機能の役割を果たすこと」（イオントップバリュ株式会社商品本部、堀井健治本部長）。

仕組み、代位機能――トップバリュの取り組みを検証し、この言葉の意味を解き明かす。

イオンは1974年、カップ麺に必ず付いていたフォークを不要と判断し、フォークなしで価格を抑えた商品をPBとして開発、販売した。その後1994年、数点のPBを統合するかたちでトップバリュが誕生、以来15年間、試行錯誤を重ね進化を遂げてきた。

「お客様のふだんの生活をよりよく」するために、お客様の声を生かすことや安心・安全など「五つのこだわり」に基づいて、衣食住全般に渡って企画開発している。

トップバリュは、次の七つのコンセプトグループに分けられる。

①農薬や化学肥料の使用を抑える「トップバリュ グリーンアイ」

トップバリュ5つのこだわりとトップバリュ7つのグループ

1.お客さまの声を商品に生かします。
お客さまモニターなどにより、品質・機能を吟味しております。

2.安全と環境に配慮した安心な商品をお届けします。
添加物使用の削減や環境負担の少ない原材料・包材を使用しています。

3.必要な情報をわかりやすく表示します。
遺伝子組換えや栄養成分をはっきりと表示します。

4.お買得価格でご提供します。
ナショナルブランドより、お求めやすい価格に設定します。

5.お客さまの満足をお約束します。
万が一、ご満足いただけない場合は、返金・お取り替えをします。

出所：トップバリュHP
http://www.topvalu.net/brand/topvalu.html

②素材や製法にこだわる高品質ブランド「トップバリュ セレクト」
③エコロジー商品ブランド「トップバリュ 共環宣言」
④簡単調理の「トップバリュ レディーミール」
⑤健康と美にこだわる「トップバリュ ヘルシーアイ」
⑥低価格の「ベストプライス byトップバリュ」
⑦通常の「トップバリュ」

トップバリュの特徴は、「販売者」の欄に「イオン株式会社」と記載していることである。家電や乳製品など、メーカー名表記が必須とされる一部の商品を除き、自社名を記載することを徹底し、企画・開発から販売に至るまでイオンが責任を持っている。

●お客様の声を徹底的に集める

ＰＢのメリットの一つは、お客様の声を商品に反映できることである。イオンがお客様の声に接するのは、ジャスコやマックスバリュなどの店頭、ホームページ、「販売者」欄に明記されている窓口である。メーカー名をほとんど表記していないため、すべての情報がイオンに集まる。その数は、年間で30万件以上にのぼる。加えて店頭で「買い物かごにトップバリュを入れた瞬間のお客様」に突撃インタビューを行い、こちらから積極的に情報を取りに行く。

文字通り顧客の生の声を聞くことで、製品を使う本人が買いに来ているのか、家族のために代理で買いに来ているのかなど、ＰＯＳデータや顧客データだけでは読みきれない実態を把握できる。

イオンは、従業員の声も重視している。販売している従業員も一人一人が消費者であり、普段トップバリュ商品を扱っているため、関心は高い。過去に従業員から意見を募った際には、3週間で1万6500通も集まった。「さっくりしっとりチョコチップクッキー」は、試食会での従業員の声から生まれた大ヒット商品である。

メーカー（製造元）との取り組みについては次のように考えている。

トップバリュの代表商品

お客様に対するすべての責任を負うのはイオンである。お客様からの信頼についても、メーカーに頼るのではなく、トップバリュブランド自体の信頼を高めることを目標とする。販売者としてラベルに「イオン株式会社」のみ明記している理由はここにある。

メーカー（製造元）は、13項目の独自基準で慎重に選ぶ。

仕様書で原材料から指定し、開発している。

「情報をイオンに一元化し、すべての責任を負う」と言いきる背景には、それを裏付ける仕組みが存在する。たとえば、パンの原材料の小麦に品質上の問題が見つかった、という情報が入ったとすると、他のすべての小麦製品についても即座に調査できる体制を整えている。原料調達では、カップ麺に入っているエビと他の商品で使うエビ、イオンの社員食堂で使われるエビまで、まとめて仕入れることによりコストを下げている。この仕組みが、冒頭の「日本の物価を仕組みで下げること」の答えである。

◉トップバリュの販売方法

店内では、ＰＢとＮＢを混合して商品カテゴリーごとに陳列している。ＰＢ・ＮＢの区別よりも、イオンは売場の垣根を越えてお客様にライフスタイルを提案する売場づくりに力を入れている。たとえばＵＶケアクリームが売れるのは、化粧品売場よりも帽子や自転車売場である。しかし、売場を縦割りの組織で管理しているため、ＮＢメーカーが自ら垣根を越えて横に広げることは難しい。トップバリュというＰＢブランドなら、複数の売場で陳列することも容易であり、クロスＭＤの突破口として水平展開を進める。

インターネットについては、「消費者に対し、商品情報の開示をたっぷり行える場」と捉え、店舗との相乗効果を狙う。お客様は、トップバリュ グリーンアイの農産物を中心にケータイでＱＲコードを読み取るかイオンのサイトにアクセスすれば、産地や栽培記録、検査項目などを確認できて、安心して買うことができる。冒頭の「消費者代位機能の役割」の答えが、ここにある。

トップバリュの価格は、ＥＤＬＰ（エブリデー・ロープライス）である。徹底的なモノづくりと物流網を駆使して厳正に決めた価格のため、特売の際も価格が一定で、消費者は

トップバリュの売場

いつでも安心して買うことができる。

◉今後の展開

２００９年７月現在、トップバリュは約５０００品目ある。２００８年度は３６８７億円（前年度比１３９・３％）の売上高であった。市況に合わせベストプライスｂｙトップバリュの開発に力を入れており、２００９年８月末までに計５００品目を導入する。２０１０年度はＰＢ全体の売上高７５００億円を目指す。

46 セブン&アイ・ホールディングスのPB

――PBの代表ブランド「セブンプレミアム」

◉セブンプレミアムとは

「セブンプレミアム」は、2007年5月に食品49アイテムでスタートした。

少子高齢化で販売数量が減少するマーケットの中、低価格でありながらも品質には妥協せず、安心・安全を求める消費性向に対して、新しい戦略商品が必要になった。そこで「安全・安心・健康」「最高の味・技術」「日常性・利便性」をキーワードに誕生したのが「セブンプレミアム」である。

2009年7月現在、700品目のアイテム数があるが、PB専任のプロジェクトチームはほんの10名程度にすぎない。チームメンバーは開発というより、全体の取りまとめや業態横断の交通整理を行う事務局のような立場である。

実際に商品開発を担当するのは、NBの仕入れも行っているバイヤーである。NBのバイイングと兼任するほうが効率よく、常に市場に合う商品開発ができるというメリットがある。現在もセブン‐イレブン・ジャパン、イトーヨーカ堂、ヨークベニマルなど

セブンプレミアムのこだわり

出所：セブン＆アイ・ホールディングスHP　http://www.7premium.jp/index.html

グループ会社5社に属するバイヤーらの手によって、セブンプレミアムは開発されている。

コンビニエンスストア、量販店、食品スーパーの各業態からバイヤーが集まることで、次のようなメリットが生まれる。お菓子やカップ麺の開発が得意なのはコンビニで、干物や冷凍食品などファミリー向け商材は食品スーパー、と業態ごとに得意分野が異なる。業態を超えてそれぞれの強みを生かし、ノウハウを共有することができる。結果的に、グループ内でセブンプレミアムの開発を協業することにより、それまでバラバラで動いていた各企業がまとまった。２００８年度には、日経優秀製品・サービス賞最優秀賞を受賞した。

セブンプレミアムの商品

◉メーカーとの取り組み

セブンプレミアムの商品は、裏面の「販売者」と「お問い合わせ先」の欄にメーカー名を記載している。お客様に製造メーカーを伝えることで安心していただくことを目的に、表記方法を統一している。お客様の声はメーカーの問い合わせ窓口に集まった後、情報がセブン&アイにフィードバックされるようになっている。その他、店舗に直接寄せられる情報も多い。

セブンプレミアムの開発に、セブン&アイのバイヤーはどの程度入り込んでいるのだろうか。ハムやベーコンなど加工肉は、製造工程が長く、商社とメーカーが中心となって生産する製品だが、バイヤーも原材料調達の段階から参加して品質のチェックや消費者視点での意見を出す。

販売者の明記について、当初は大手メーカーから抵抗があった。NBとしての自社製品が、定番の品揃えから外されるのではという危機感を持たれたのである。ところが、セブンプレミアムブランドへの消費者の圧倒的な信頼感を背景に、メーカーもNBとPBを共存させ展開する方法を考えるようになった。現在は、メーカーから持ちかけられる商品開発の提案が増えている。

メーカーとの取り組みは、必ずしも一品目を一メーカーに絞っていない。加工肉は、日本ハムと伊藤ハムの両社で製造している。「○○の品質を目指し、安い価格で」など共通の目標を掲げて品質レベルを合わせ、工場の立地など条件を加味し販路を分けて、両方ともセブンプレミアムとして販売している例もある。同様に、同じ中身の商品でありながら、コンビニ向けの少量パックとスーパー向けの大容量パックとの二種類で製品化している商品もある。

セブン&アイは、グループ間でPB開発のノウハウを共有するだけでなく、商品の共通化による開発コストや輸送コスト、原材料コストを低減できる方法をグループ全体に取り入れている。

◉セブンプレミアムの販売方法

セブン-イレブンは、2009年7月現在、全国に1万2000店以上を展開しており、イトーヨーカ堂や食品スーパーを加えると約1万2700店舗ある。ということは、商品を店頭に並べるだけでも「宣伝」効果が得られる。広告費をかけず、陳列するだけでＰＲすることができるのである。

特に食品スーパーでは、試食や実演が行われるなど積極的な販売促進が見受けられる。実は同社では、店頭で試食を行う前に、パート社員も含む従業員に試食会を開いている。「まずは店舗スタッフが積極的にＰＢを買うくらいでなければならない」という考えからである。

セブンプレミアムの価格はＮＢよりも2割程度安く、常に一定価格を保つ「フェアプライス」を採用している。したがって、売り出しの際にも一切値引きをせず、チラシに掲載する際にも通常と同じ価格で販売している。価格を変えないのはイオンのトップバリュと同様である。

セブンプレミアムの売場

◉今後の展開

セブンプレミアムの規模は、２００９年7月時点で７００品目まで増え、２００8年度の売上高は２０００億円に達し、２００9年度（２０１０年3月）

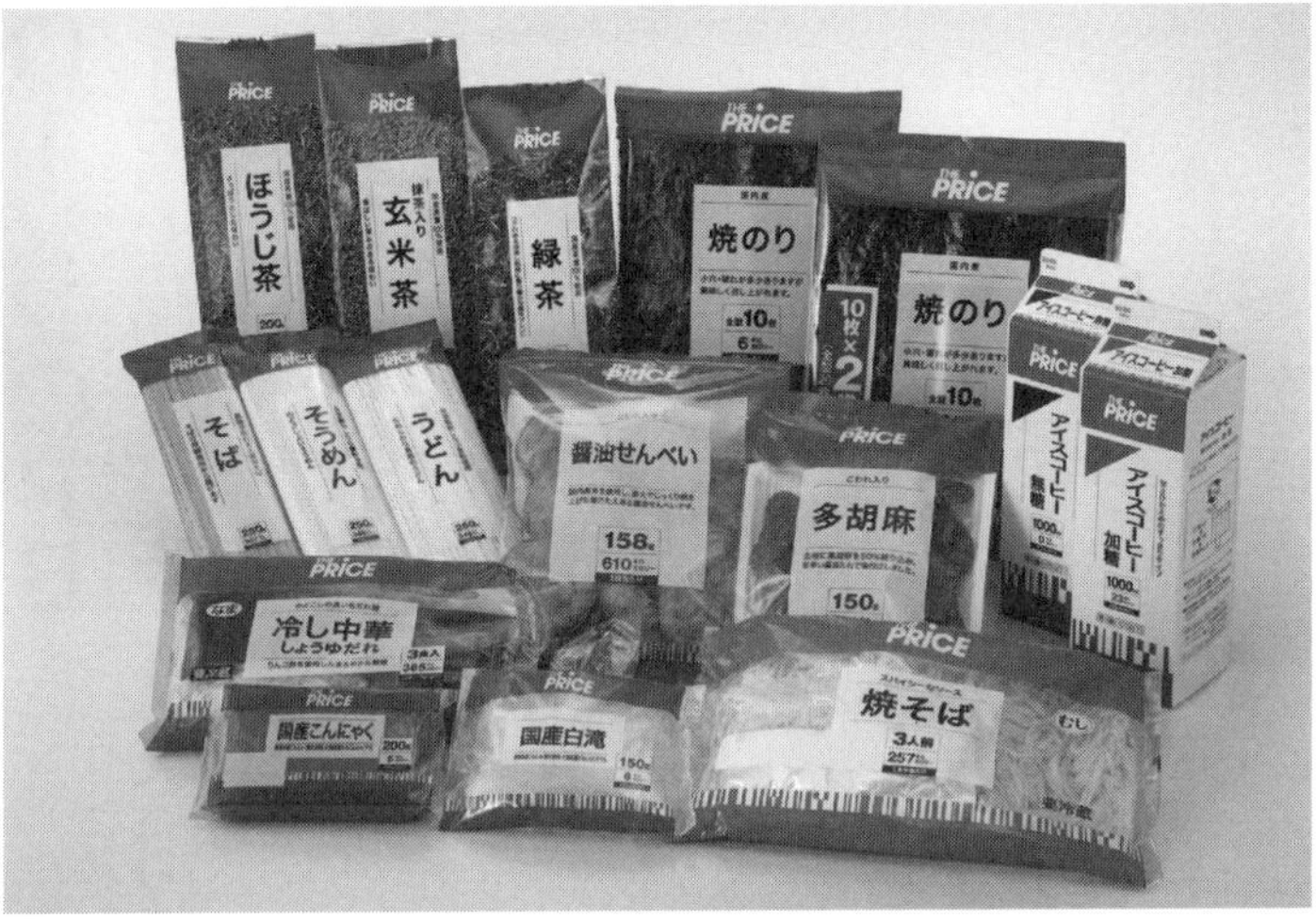

低価格のPB「ザ・プライス」

には１３００品目３２００億円を目指す。壮大な計画にみえるが、３２００億円はグループ企業の食品売上高の20％程度に過ぎない。あくまでもＮＢとの共存を前提に品揃えをした上で、お客様に最適な商品を選んでもらう考えである。

グループ内での販路拡大にも取り組んでおり、そごうをはじめ百貨店での販売も順調に売上を伸ばしている。２００９年6月より低価格の新ＰＢ「ザ・プライス」を56品目発売した。２００９年度中に３５０品目を目指し、ディスカウントストア「ザ・プライス」で販売する。

47 ローソンのＰＢ
――コンビニエンスストアのＰＢ「バリューライン」と日用品ＰＢ

◉バリューラインと日用品ＰＢとは

「コンビニエンスストアに日用品を購入しに来店するお客様は、基本的に緊急購買なんです」

バイヤーのこの言葉に、コンビニの役割とローソンのＰＢのコンセプトが凝縮されている。今すぐモノが必要になったから、急にストッキングが伝線したから、お金をおろしたいから――物販でもサービスでも、急を要して駆け込む場所がコンビニである。

「私たちは〝みんなと暮らすマチ〟を幸せにします」という企業理念に表れているように、ローソンは地域に密着した店づくりを目指し、それを具現化している。

ローソングループは、ローソン店舗以外に「ローソンストア１００」や「ショップ99」を展開し、２００９年6月時点で９５７３店舗を保有する。

地域密着型のローソンのＰＢは、弁当や惣菜だけではない。価格訴求型商品「バリューライン」や、オリジナリティ溢れる日用品がある。

ローソンの企業理念

企業理念・行動指針

全ての企業活動を企業理念に基づくものとし、企業理念の具現化に向け、全社一丸となり邁進してまいります。

「企業理念」

私たちは“みんなと暮らすマチ”を幸せにします。

行動指針

私たちローソンは、企業理念の具現化に向けて、どのような環境の変化があろうとも、共通の価値基準を持って行動してまいります。その変わらぬ価値基準を、自らの行動への問いかけと言う形で、行動指針として定めました。

そこに、みんなを思いやる気持ちはありますか。
そこに、今までにない発想や行動へのチャレンジはありますか。
そこに、何としても目標を達成するこだわりはありますか。

出所：ローソンHP　http://www.lawson.co.jp/company/corporate/idea.html

「バリューライン」は、ローソンストア１００をはじめ、全国のローソンでも一部商品を販売している。特徴は、１０５円均一プライスというわかりやすさである。「いつでも安心・安全でよい品」を目指して、現在は適量で小分けの１０５円惣菜の開発に力を入れている。

今回は、コンビニならではの発想が生かされた「アドティッシュ」や「社会貢献型」商品という、他にはない取り組みを紹介する。

◉８６０万個を売り上げた「アドティッシュ」

ローソンは全国に８６３１店（２００９年６月末現在）を展開している。１日の来店客は約８００万人である。８００万人とはＰＯＳデータに基づく数字のため、複数名での来店や買い物をしない人を含めると、店舗

箱の裏面のQRコードから宣伝の申し込みができる「アドティッシュ」

に入店する人数は８００万人を大きく上回る。つまり、店頭に陳列されている商品は、毎日それほど多くの人の目に触れていることになる。宣伝効果が高いという点に目をつけて開発されたのが「アドティッシュ」である。

商品の特徴は、箱の上部と側部にメーカーのネピアと、クライアントと、ローソンとの３社分の企業ロゴが大きく入っていることである。宣伝を希望する企業は、インターネットのサイトにアクセスするか、ティッシュ裏面のＱＲコードを使って申し込むことができる。これまでに宣伝広告に参加した企業は２００９年７月時点で37社を超え、販売数は８６０万個にのぼる。

ティッシュは自宅やオフィスの机上に置かれる商品なので、使われている間中《あいだじゅう》ずっと宣伝効果が持続するのが強みである。

ネイルアーティスト草野順子プロデュースヘアアクセサリーの売場

◉社会貢献型PB

次は「PBでラオスに小学校を建てた」という社会貢献型商品を紹介する。

学校を建てたと聞き高額な商品を想像したが、実際には単価数百円のヘアアクセサリーである。メーカーは貝印、デザイナーは有名人の顧客を多数持つネイルアーティストであり芸術家の草野順子氏、二者のコラボレーション商品をローソンの販売網に乗せた。

販売額の中から草野氏に支払うデザイン料をプールしておき、その累計額で、ラオスに小学校が建ったのである。

一見単純な仕組みに思えるが、これは「関わった人たち全員がハッピーになれる」システムである。顧客は、デザイン性の高いヘアアクセサリーがリーズナブルな価格で手に入

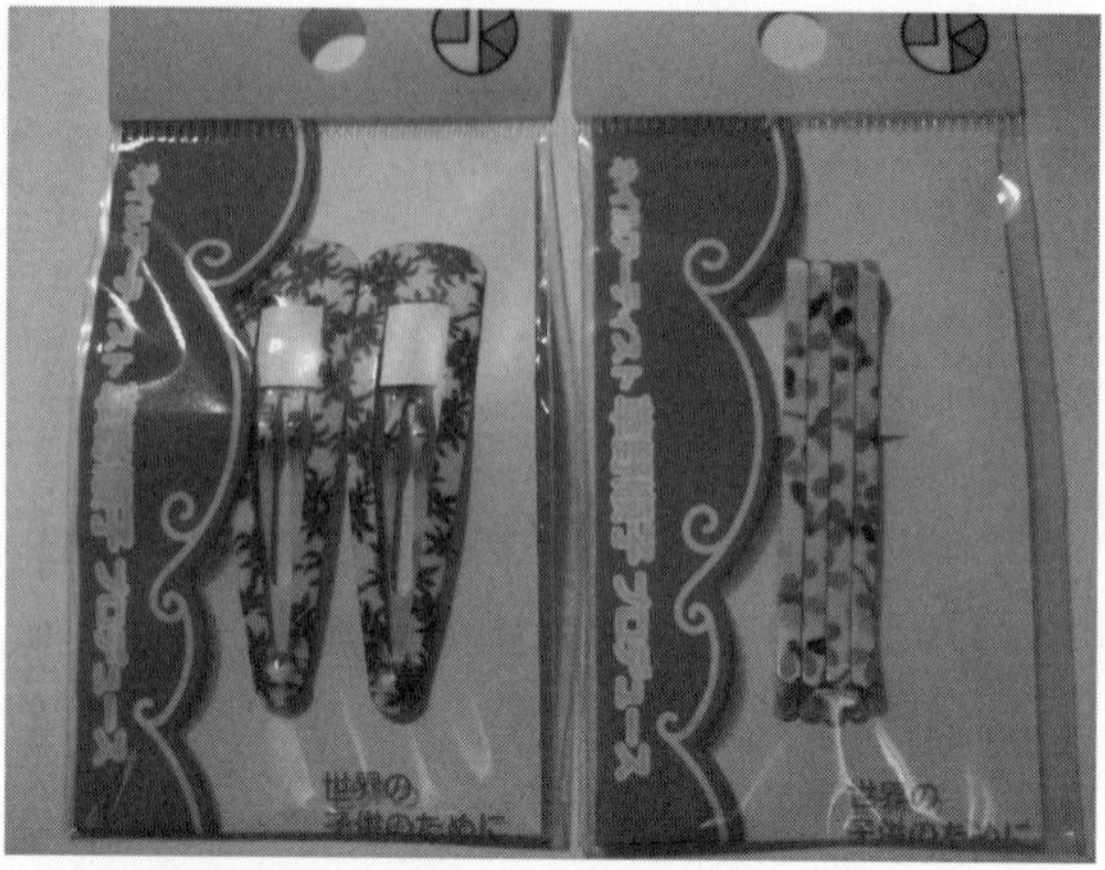

リーズナブルな価格のヘアアクセサリー

る、メーカーは一定量の販売数が見込め、売上が安定する、フランチャイズオーナーは利益率、販売効率がアップする、ラオスの子供たちは小学校で教育が受けられるようになる。

ローソンは、販売方法も工夫している。化粧品やヘアケア商品の販売什器は、色遣いや形状、サイズにいくつかのパターンがある。このヘアアクセサリーは、陳列什器を従来とは異なるタイプにすることにより、あえて売場の中で違和感のある存在に仕立てた。

その仕掛けも当たって、新しい客層の取り込みとリピート客の育成に成功し、販売数量は470万個に達し（2009年7月現在）、今なお進化を続けている。

◉今後の展開

コンビニの強みは、高レベルなシステムに裏打ちされたＰＯＳデータと顧客の購買行動に関するデータを駆使し、綿密な調査の元で商品開発ができる点にある。収集したデータを商品に反映し、正確な販売数量予測を立て、計画的な生産を実現させ、低コストでの製造を実現できる。

バリューラインと日用品をはじめとしたＰＢの比率を、今後も高めていく方針である。

48

カインズのＰＢ

――ホームセンターのＰＢ「ＣＡＩＮＺ」

◉カインズのＰＢ

ホームセンター業態で取り扱う商品は、主にインテリアやエクステリアなどの住居関連である。商品カテゴリーは広範囲に渡り、一つひとつの商材は大型なものから細々としたものまで多種多様である。主なカテゴリーは、インテリア、家具、家庭用品、日用品、ＤＩＹ、建築資材、ガーデニング、アウトドア、ワーク用品、ペット用品などで、カインズはこれに加え食品や薬も扱い、物販だけでなく住居のリフォームサービスも手がけている。これらはすべて「ホームインプルーブメントの専門店として総合的な提案を行う」という考えに基づいている。

幅広い商品カテゴリーに渡って、ＰＢ開発に取り組んでいる。メインブランドの「ＣＡＩＮＺ」の他に、ペット用品の「ペッツワン」、アウトドア用品の「ＦＯＲＥＳＴ ＢＲＥＥＺＥ」、ワーキングウェアの「ＫＵＲＯＴＯ」があり、全部で１８０００ＳＫＵを超える（ＳＫＵ＝Stock Keeping Unit：最小管理単品）。

PBがズラリと並ぶカインズの売場

◉カインズの商品開発

カインズは「価格・品質・品揃え・経験・サービス」という5項目の要件を目標に、店作りを行っている。5項目のうち、他の小売店には見られないユニークな視点が「経験」である。カインズは個人消費者向けに生活必需品を販売するだけでなく、建築業者向けにプロ仕様の商品を販売している。プロに販売するには、高度な商品知識、接客サービスが求められるため、住宅建設など専門職に従事していた経験者を採用している。

カインズの品揃えには、多岐に渡る品種という横への広がりと、高い専門性という縦への広がりがある。

この土壌で生まれたPBが、システムキッチンの「プリンセスライト」である。開発に

2年を要したプリンセスライトは29万8000円（税込）、市場価格の3分の1という低価格である。

　開発担当者によると、「住まいのトータルコーディネートができる商材を開発したいという想いと、欲しいけれど価格が高いために二の足を踏んでいるお客様にも購入できるようにしたいという願い」から開発に踏み切った。いざ開発に着手すると、最初に販売価格を決めてしまったために、コストの低減に苦労した。地道に一つひとつ部材の見直しをしながら商談を進め、2年間かかってようやく完成した。こうして開発されたプリンセスライトは、店頭でもサンプルが展示されており、売れ行きも好調である。

　カインズでは、PB商品の品質を守るために、開発を担当する商品部とは別に品質管理専門のチームが定期的に海外の工場に行き、生産チェックや検品などを行っている。

◉CAINZの販売方法

　キッチン用品、バス・トイレタリー用品、ランドリー用品は、ほとんどのPB商品をアイボリーカラーで統一しているため、棚割は美しく、店の中でもひときわ目立つ。定番の棚割の中にあっても、エンドに集積された場合にも、アイボリーのカインズブランドは、価格面だけでなくトータルコーディネートできるという訴求力がある。

　徹底したローコスト経営を実現するカインズでは、わかりやすい売場作りと店舗スタッ

カインズのシステムキッチン「プリンセスライト」

フの作業軽減を考えた商品開発を行っている。

売場を見て驚いたのは、スリッパが化粧箱に立てられた状態で陳列されていることである。商品は値札がついた状態で化粧箱に収められ、そのまますっぽりとダンボールに入って納品される。化粧箱に直接価格が印字されているため、店舗スタッフの陳列作業は、「ダンボールから取り出して棚に置くだけ」である。この手軽さが、店全体の作業コストを大幅に削減している。「棚の値札が外れてしまった」という事態も起こらないため、お客様にとっても価格が一目瞭然でわかりやすい売場といえる。

スリッパだけでなく他のPBの箱にも価格が印字されている。コストダウンした分を、販売価格低下に転嫁することができる。

化粧箱に価格が印字され値札がついて納品されるスリッパ

◉今後の展開

前述したように、カインズは多くの商品をアイボリーカラーに統一しており、色の統一作業という意味ではひとまず完了した感がある。ところが実際は、消耗品など必ずしもアイボリーでなくともよい商材や、別の色遣いの方が適する商品もある。今後はアイボリーにこだわるのではなく、商品ごとに柔軟に、わかりやすいデザインやパッケージを採用する方針である。

カインズは、2009年に創立20周年を迎え、新たな改革元年としている。お客様に「ホームインプルーブメント」を提供し、「暮らしのコーディネート」を実現するために、さらなる低価格と高品質を追求し、PBアイテム数の増加を目指す。

49 マツモトキヨシのPB
――ドラッグストアのPB「MK CUSTOMER」

◉MK CUSTOMERとは

ドラッグストア最大手のマツモトキヨシは「セルフメディケーション」（「自分のカラダは自分で守ること」）という考え方を重視している。セルフメディケーションを形にしたPBが〝MK CUSTOMER（エムケーカスタマー）〟である。安心と品質をモットーに、安さとの両立を実現すべくこの名前がつけられている。

商品群は「医薬品」「化粧品」「雑貨」「食品」の四つに大別され、アイテム数は2009年3月現在で約1600品目にのぼる。商品開発におけるこだわりとして、安心・安全を追求し、お客様の声を反映すること、買いやすい価格であること、ドラッグストアらしく健康と美しさに役立つこと、環境に配慮することを掲げている。

価格重視と機能重視との二極化が進む市場に対応して、それぞれのニーズに合った商品開発を行っている。

MK CUSTOMER 5つのこだわり

MK CUSTOMER

MK CUSTOMERとは セルフメディケーションをサポートするマツモトキヨシが、お客さま視点で開発したオリジナル商品です。

5つのこだわり

1. **安心と安全を追求しています。**
原材料（成分）の厳選はもちろん、製造工程におけるチェック体制、最終試用テストを実施し、つねに安心と安全の品質を追求していきます。
2. **お客さまの声を反映します。**
新製品開発において、モニター等を実施し、品質や機能において、お客さまの意見をしっかり反映させていきます。
3. **お求めやすい価格に設定しています。**
商品質を追求しながら、できる限り価格を抑えていきます。お求めやすい価格であることも、大切な基準のひとつだと考えます。
4. **ヘルス&ビューティーを見つめた商品を提案します。**
健康な生活に役立つ商品、内側から外側から美しさへの願望に応える商品など、ドラッグストアならではのセルフメディケーション商品を開発・提案してきます。
5. **環境に配慮した商品開発を行っています。**
環境に優しい製法や包装、地球の健康に気づかった原材料を徹底させていきます。

出所：マツモトキヨシHP　http://www.matsukiyo.co.jp/mkc/mkc.html

◉代表商品「レチノタイム」「ルンタ」

ドラッグストア業態の核となる商品は薬と化粧品である。なかでも、近年女性顧客に支持されている基礎化粧品ブランド「レチノタイム」とヘアケアブランド「ルンタ」を紹介する。

「レチノタイム」は、エイジケアを目的としてナリス化粧品と共同開発した。2007年2月の発売時には、化粧水、乳液、クリームなど基礎化粧品5アイテムだったのが、店頭で好評を博したことから、クレンジングやマスク、リップなども追加し品目数を増やしている。

化粧水で3800円と、ドラッグストアの商品としては高価格帯であるが、中身が百貨店化粧品ブランド並みの成分であることを考えれば十分に割安感がある。保湿を中心としたエイジケアに効果的な成分を含み、全品無香料というこだわりようである。

商品価値を知らない顧客に高額ラインの商品を販売するには、相当の商品知識と接客技術を要する。「レチノタイム」については、発売の半年も前から店舗スタッフを集めて勉強会を開き、商品知識を深める工夫を行った。私自身も接客販売の経験があるが、店舗スタッフにとって十分な商品知識を身につけることは非常に重要であり、知識に裏打ちされた自信は接客時の説得力につながり、成約率も上がる。

接客を通して集まる顧客の生の声は、大変貴重である。さらにマツモトキヨシでは、店頭で集める顧客の声とポイントカードの情報から得られるPOSデータやリピート率などの情報を基に、商品動向と顧客動向を把握・分析し、商品開発や改良に生かしている。

ヘアケアブランドの「ルンタ」は、チベット語で「風の馬」という意味で、女性の「綺麗でいたい」という願いをかなえる最上級ラインのブランド、というコンセプトで2008年4月に発売した。シャンプー、コンディショナーはそれぞれ2500円と高級志向商品で、品質のよさを実感するリピート客に支えられ順調に推移している。「消費者にとって、肌よりも髪のほうが使用感の違いがはっきり感じられるため、一度試してもらえれば、多くのお客様がリピートしてくれるはずだという自信があった」と開発担当者は言う。

ルンタのコンセプトは「痛んだ髪と頭皮の基礎ヘアケア化粧品」

レチノタイムのキャッチコピーは
「明日の肌に
自信がありますか？」

MK CUSTOMERの基礎化粧品「レチノタイム」とヘアケア「ルンタ」

店頭では1000円お試しセットも販売している。「ルンタ」は開発に1年半を要したブランドで、今後も着実に育てる方針である。

◉MK CUSTOMERの販売方法

店頭では、NBとPBが並んでいる棚の中から、お客様が自分に合った商品を比較検討して選べるようにするため、MK CUSTOMER商品だけを一ヶ所に集めて陳列するのではなく、商品カテゴリーごとにNBと並べることを基本としている。

PBとNBとの違いを意識するのは小売店側で、お客様は全体の品揃えの中からPB・NBをさほど意識せずに選択する、という顧客視点に立った発想で店づくりをしている。

「対象商品をお買い上げのお客様にはポイント○倍」などポイントカードと連動したキャンペーンや販売コンクール、チラシによる販促を実施して、店頭で積極的に販売している。

販売コンクールが効果を上げるのは、前述の通り販売員がしっかりした商品知識を持っているからであり、半年間にわたる勉強会や販売マニュアルの制作など、本部による販売へのバックアップ体制が接客技術の向上を支えている。

店頭では自主製作のフリーペーパー〝digimaga〟を配布し、PBに限らず、健康と美容に関する幅広い情報を配信している。

◉今後の展開

MK CUSTOMERは、「医薬品」「化粧品」「雑貨」「食品」すべてのカテゴリーにおいて、全売上高の9・2%を占めており（2009年3月末現在）、日用品を中心とした価格訴求型の消耗品と、機能面にこだわった付加価値型商品との二極化する消費ニーズに応えている。

今後もお客様の要望を生かした商品開発を続け、2015年度には構成比で15%、2000品目を目指す。

50

CGCのPB
――共同開発機構のPB「CGC」

◉共同仕入機構としてのCGC

シジシージャパン（以下、CGC）は、中堅・中小のスーパーマーケット企業がまとまって商品開発や仕入れを行う共同仕入機構である。

CGCグループは、全国に227社、店舗数3549店（2009年7月現在）の加盟店を持つ。

取材して実感したのは、「CGCが独自に開発した商品を227社の加盟企業が販売している」のではなく、あくまでも「加盟店が商品企画会議から参画し、協業してモノづくりを行い、それを店舗で自社商品として主体的に販売している」ことである。主役は加盟するスーパーマーケットであり、CGCは黒子役として全体を取りまとめる役割に徹している。

大組織のため、どういったバランスで協業していくかというガイドラインが必要となる。

CGCグループは、全国規模でまとまる取り組みを20％、地区本部・支社単位でまとま

全国227社3549店の加盟店

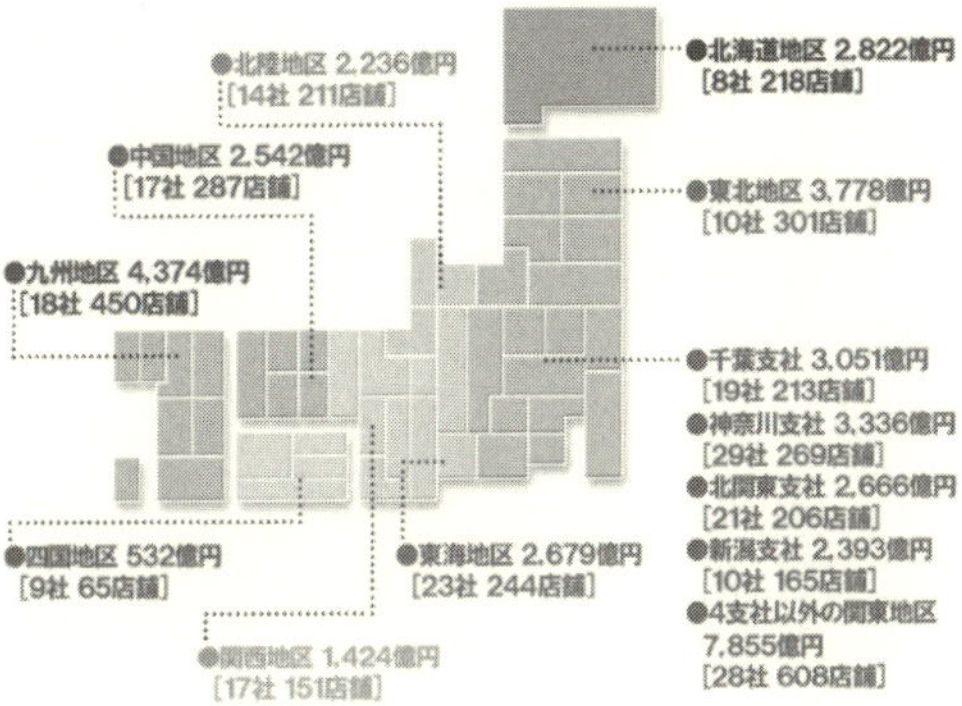

加盟店のマーク

る割合を60%、そして各社が独自性を発揮する割合を20%とする「２・６・２」を目安に協業活動を推進している。つくった商品を、全国や地区ごとに統括しながらも、それぞれ個店の特長を損なわずに各社で販売していく、というスタンスである。

　ＣＧＣが手掛けるＰＢには、中心となる「ＣＧＣ」ブランドの他に、商品特性によって16種類ものブランドやマークがある。高品質を追求する「ＣＧＣチョイス」や「ＣＧＣオーガニック」、日用・生活雑貨の「くらしのベスト」、使いきり・食べきりをコンセプトとした「適量適価」、低価格を追求する「ショッパーズプライス」「断然お得」などである。

　ＳＫＵ数は２００９年７月現在で１４７０、全国本部のシジシージャパンの総取扱高は７０９４億円（２００９年2月決算）

で、メーカーとCGCと加盟企業の三者で商品開発を行うというスタイルを創業当初から貫いて売上を伸ばし、加盟スーパーマーケットの総年商は4兆円を突破した。

◉CGCの商品開発

全国3549店舗で販売する商品を開発するためには、開発商品のターゲットをもっとも需要のあるところに据えなければならない。メジャーな商品を開発するためには、いかに加盟企業を巻き込み、情報を吸い上げ、力を合わせていけるか、が鍵を握る。

商品開発会議は、加盟企業の地区代表とその中から選ばれた全国委員長が参加し行われる。販売の最前線にいる現場のプロと共に商品を決定し、そこで決定した商品に対してCGCの開発専門部隊が加盟企業と共に商品開発にあたり、品質管理の専門部隊も加わり開発を進める。CGCは全体のリーダーシップを取りながら、開発の過程でも加盟店企業の代表者を巻き込み、共に海外の工場や産地まで視察に出かけることも多い。

PB商品の製造委託については、ISO9001やHACCP、SQFなどの第三者認証を取得した企業に限定し、数百もの厳しい独自基準を設けている。品質保証チームのスタッフが定期的に工場訪問をすることで、「安心・安全」を確保している。

ほとんどの商品で、裏面のラベル「販売者」の欄にCGCの連絡先を明記しているのは、「加盟企業への供給責任と、その先のお客様に対する販売責任を自ら負いながら委託メー

加盟店によるCGCフェアの様子

カーとのモノづくりを徹底的に行う」ことの表れである。Ｗｉｎ‐Ｗｉｎならぬ、メーカー、加盟企業、お客様、ＣＧＣ、のマルチウィンを実現することが、共同仕入機構ＣＧＣの役割といえる。

◉ＰＢの販売

ＣＧＣ商品を販売するのは、全国２２７社の３５４９店舗の加盟店である。看板は異なり、業態も規模もさまざまだが、加盟店は１４７０ＳＫＵの中から独自に商品を選び、ＮＢと一緒に並べて販売している。ＣＧＣ商品の比率は、全店で平均すると売上高のうち約７％と意外に低い。

「加盟スーパーマーケットの集合知で商品開発を行い、加盟各社が自社オリジナルのＰＢとして販売する」というスタイルをとるもののの、加盟店はCGCの直営店ではないし、フランチャイズでもない。そのため、加盟店が次々に生み出される一つひとつの商品の特性を理解し、積極的に商品を導入する仕組みをつくるのは並大抵のことではない。CGCがリーダーシップを取り、商品の情報を伝達することで加盟店に導入を促す必要がある。

具体的施策として、CGC加盟店が全店で導入する商品を選定したハンドブック「PB必須定番商品」の配布や、7年前から全店で単品量販を図る「今月の1品」販売企画の商品の選定を行っている。

ポケットサイズの「PB必須定番商品」ハンドブックには、204品目の写真と商品情報をカテゴリーごとに掲載しており、「今月の1品」は対象商品の納品金額が大きかった企業への表彰制度を設けている。

「今月の1品」では、月替わりでイチオシの商品を選定し、販売を推奨している。

こうした取り組みは、加盟店にとって「どの商品を優先的に導入すべきか」判断する際の指標となる。CGC側にとっては、特定の商品に集中させスケールメリットを出すことで、加盟店の価格競争力を向上させることができる。

◉今後の展開

CGCでは、中期的な全体戦略として「トライ・フォー・ザ・テン」を掲げ、加盟店で

2009年版「PB必須定番商品」ハンドブック

のPB売上高構成比を10%に高めること、グループ企業の売上を日本の飲食料品マーケットの10%にすることを目標としている。日本の飲食料品マーケットの10%とは、グループ企業の全売上高を5兆円に伸ばすというスケールの大きさである。

実現に向け、商品開発と販売活動をさらに推し進めるため「商品」「物流」「情報システム」「人事教育」「環境対応」の5分野で加盟企業の代表とCGCの開発チームが共に戦略委員会を結成し、戦略と施策を練り上げている。

エピローグ　進化するＰＢ

◉商品開発力の向上

ＰＢは今後も市場を拡大し、めざましい速さで進化するだろう。特に、大手流通各社のＰＢ開発に対する力の入れ方は目を見張るものがある。

数年後には、開発力がかなり向上すると予想される。「開発力が上がる」とは、すなわち「低コストで高品質を実現」できるようになることである。これは、価格訴求型ＰＢ、付加価値型ＰＢいずれにも当てはまり、「商品の価値に対して低価格」であることを意味する。

地道な開発やリニューアルを続け、コツコツと販売の工夫を重ねることにより、安いという理由だけでなく、一つの商品としてお客様に支持されることを期待する。そうなって初めて、「ＰＢは店を代表する商品に育った」といえる。

売場にＮＢとＰＢが混在することで、切磋琢磨し合い、開発力の向上を後押しする。ＮＢを品揃えの中心としてきた売場で、ＰＢの比率を上げていくためには、ＮＢと同程度の品質で低価格な商品を開発しなければならない。ＰＢの品質向上に伴い、ＮＢメーカーはＰＢに対抗するべく商品を改良する。そして、ＮＢとＰＢとの競争の中で開発力が高まる。

今、多くの小売店で、ＰＢ比率を高める施策を発表している。ＰＢの供給を行っているメーカーは、ＮＢとＰＢとの供給バランスをうまく取ることが今後の課題である。

◉ＰＢのブランド化

個々のＰＢがお客様から支持されるところまで育ってきたら、次はＰＢのブランド化が進む。トップバリュやセブンプレミアムは、もはやそれ自体がブランドとして確立している。

「○○は、厳選された安全な原材料でつくられている」「△△は、よく知っている大手メーカーで製造しているから安心だ」とお客様が感じるようになったら、ブランディングは成功したと言える。お客様の思いが「気に入る、支持する」という感覚から、「信用する、信頼する」レベルまで上がったのである。

信頼を勝ち取りブランド化するためには、売場からもホームページからも、常に情報を発信し続ける必要がある。これまで紹介してきたように、開発への取り組みや品質を守るための安全基準、成分や効能など、詳細な情報を発信してほしい。

商品開発も、長く売ることも、信頼を勝ち取ることも、一朝一夕には成し遂げられない、地味で地道な日々の努力の積み重ねしかない。

◉国内PB市場の拡大

２００９年4月23日、日本経済新聞朝刊一面トップに「PB商品販売35％増」という見出しが躍った。「二〇〇九年度の数値目標を明示した七社だけで前年度比三五％増の一兆五千六百八〇億円に達する見通し」であり、「今回の調査から推計すると、〇九年度で二兆円を大きく上回るのは確実で、拡大ピッチは加速している」と記述されている。

今回取材をして実感したのは、特に大手流通業のPB比率アップの勢いは相当なものであるということだ。

イオンのトップバリュは、５０００品目にのぼる。２０１１年2月期の売上高７５００億円を目指し、全体の売上高に対するPBの構成比は18％に当たる。

セブン＆アイ・ホールディングスは、現在の７００品目から１３００品目に扱いを倍増し、２０１０年2月期にPB売上高３２００億円を目指す。

両社とも開発PBの品種拡大を進めており、医薬品や酒類にも取り組んでいる。

２００９年6月の改正薬事法施行にともない、イオンはグループのドラッグストア10社共通のPB商品を「ハピコム」に統一し、１９０種類の品揃えから今後さらに増やしていく。セブン＆アイは調剤薬局大手のアインファーマシーズと共同で設立したドラッグストア運営会社でPBの大衆薬を開発し、2010年度から売り出す予定である。

また2009年7月からイオンとセブン&アイで、サントリーへの生産委託により第三のビールを販売している。イオンの「森の薫り」は年間3000万本を、セブン&アイの「ザ ブリュー」は同3600万本の販売目標とし、好調に推移している。同時期にカインズからはPBワイン「RICO RICO（リコリコ）」（赤・白）が発売された。750㎖448円で、年間100万本の販売を見込んでいる。

同7月31日には、「イオンとセブン&アイ PB原料、自前で調達」と報じられた（日本経済新聞）。小売業が自前で調達した原料を生産委託先メーカーに供給し、製品化した完成品を仕入れる、という流れである。イオンは年間約5000トンの小麦粉を自前調達し、従来よりも10％弱の調達コストを削減する。セブン&アイは、衣料品PBの原料を商社を通さず直接買い付けることにより、メーカー品よりも2～5割安く販売する。

メーカーが行ってきた原料の調達に小売業が関与することで、今後のPBはよりSPA（製造小売業）業態に近づく。

このように各企業とも、海外調達を含めた原材料のコスト低減や、製造法など仕様の見直しを中心に積極的な開発を行っている。厳しい経済環境下でも、PBによって収益が改善した企業もある。今後ますますグループ企業内への導入を進めて、スケールメリットを創出する動きが加速するであろう。

◉海外PB市場の拡大

日経流通新聞の一面に海外の大手小売業によるPB商品拡充の記事が掲載された（2009年4月24日）。「小売り最大手のウォルマート・ストアーズが、プライベートブランド（PB＝自主企画）商品を強化し始めた。他の小売も拡充しており、米PB市場は年率一〇％程度の高成長を遂げている。」

ウォルマートのPB「グレートバリュー」5250品目は、一年かけてパッケージの刷新と原材料や製造法の見直しを行った。グレートバリューのコンセプトは「NBと同レベルか上回る品質でありながら、値段はNBより安い」で、エブリデーロープライス（EDLP）を補強する商材という位置づけである。ウォルマートの売上高に占めるPB比率は現在16％であるが、「三年間で40％程度まで引き上げる」。

またPB先進国のイギリスの大手小売業、テスコのPBは有名で、テスコをベンチマークしてPBを開発している日本の小売業もある。

セブン＆アイホールディングスは、世界共通PBの開発に乗り出す。海外PBを日本に導入するのではなく、グローバルで開発する動きである。

国内でも海外でも、PB市場拡大へ向けた流通各社の取り組みから、今後ますます目が離せない。PB開発の実力が小売業の生き残りを左右するといっても過言ではない。

おわりに

最後までお読みいただきありがとうございました。少しでもＰＢについて理解が深まり、実務に役立つことがあれば、大変嬉しく思います。

実は、本書を通して最も勉強になったのは、他でもない私自身です。ＰＢ開発の経験者でありながら、知らないことがいかに多かったか気づき、猛省しました。

執筆にあたり、日本を代表する六社の企業に取材したこと、大勢の方から貴重な情報をご提供いただいたこと、商品開発や流通関係の書籍を数百冊読む機会となったこと、すべてが貴重な経験であり、学びとなりました。

執筆のきっかけをつくってくださった株式会社ＴＢＣ代表取締役、中小企業診断士の木下安司先生と同文舘出版の古市達彦さん、根気強く励ましとアドバイスをくださった編集の竹並治子さん、ありがとうございました。

また、本書の執筆にあたって知識をくださった金子哲雄さん、小野めぐみさん、渡辺広明さん、坂口孝則さん、心より感謝申し上げます。

藤野　香織

参考文献

『ヒット商品が面白いほど開発できる本』（中経出版）太田昌宏著
『図解でわかる商品開発マーケティング』（日本能率協会マネジメントセンター）浅田和実著
『ヒット！商品開発バイブル』（明日香出版社）馬場了、河合正嗣著
『差別化と利益確保のためのＰＢ商品開発戦略』（ビジネス社）波形克彦、山岡敬始、谷口明、藤田均著
『価格破壊時代のＰＢ戦略』（日本経済新聞社）野口智雄著
『誰でもできる！マーケティングリサーチ』（ＰＨＰ研究所）内山力著
『コトラーのマーケティング思考法』（東洋経済新報社）フィリップ・コトラー、フェルナンド・トリアス・デ・ベス著、恩藏直人監訳、大川修二訳
『競争優位の戦略』（ダイヤモンド社）Ｍ・Ｅ・ポーター著、土岐坤ほか訳
『勝間和代のビジネス頭を創る７つのフレームワーク力　ビジネス思考法の基本と実践』（ディスカヴァー・トゥエンティワン）勝間和代著
『無印良品ＶＳユニクロ』（ぱる出版）溝上幸伸著
『無印良品の「改革」』（商業界）渡辺米英著
『鈴木敏文　商売の原点』（講談社）緒方知行編
『段取り力「うまくいく人」はここがちがう』（ちくま文庫）齋藤孝著
『おみくじの原価は１円！時代を超えて生き残るビジネス』（宝島社）金子哲雄著
『仕入れの基本が面白いほどわかる本』（中経出版）坂口孝則著
『仕入れと調達』（実務教育出版）渥美俊一著
『最新　業界の常識　よくわかる流通業界』（日本実業出版社）月泉博著
『手にとるようにマーチャンダイジングがわかる本』（かんき出版）木下安司著
『図解よくわかるこれからの流通』（同文舘出版）木下安司著
『図解よくわかるこれからのマーチャンダイジング』（同文舘出版）服部吉伸著
『図解よくわかるこれからの物流』（同文舘出版）河西健次、津久井英喜著

著者略歴

藤野　香織（ふじの　かおり）

大学卒業後、大手量販店に入社。食器売場スタッフと玩具売場責任者を経て、商品部住居関連部門バイヤーに着任。キッチン用品、寝具、インテリアなど住空間商材を担当し、約２万アイテムのバイイングを行う。その後、大手チェーンストアに転職し現在もバイヤー業に従事。主として文具、雑貨、日用品、家具などを約400の取引先から約３万アイテムを調達。最大限、販売効率が高まるマーチャンダイジングを目指し、店舗売上二桁成長を達成。日用品や文具のPB開発を手がけ、ヒット商品を輩出している。著書として『製造業・小売業のバイヤーが教えるThe調達・仕入れの基本帳77』(日刊工業新聞社)があり、月刊「商業界」、「販促会議」、タウン誌「仙台っこ」等にも執筆し、講演活動も行う。

メールアドレス:fujino@retail-buyer.com

ヒットする！ PB商品 企画・開発・販売のしくみ

平成21年9月9日　初版発行

著　者——藤野香織

発行所——中島治久

発行所——同文舘出版株式会社

東京都千代田区神田神保町1-41　〒101-0051

営業03（3294）1801　編集03（3294）1803

振替00100-8-42935　http://www.dobunkan.co.jp

印刷／製本：三美印刷

ISBN978-4-495-58501-3

Printed in Japan2009